Gerhard Hanloser

Lektüre & Revolte

UNRAST

Gerhard Hanloser ist langjähriger Kritiker und Publizist mit den Schwerpunkten: Neue Linke, Antisemitismus, linke Theoriebildung. Bisherige Veröffentlichung bei Unrast: Krise und Antisemitismus (2003), »Sie warn die antideutschesten der deutschen Linken« (2004), Der bewegte Marx (2008), Deutschland.Kritik (2015)

Gerhard Hanloser

Lektüre & Revolte

Der Textfundus der
68er-Fundamentalopposition

UNRAST

Bibliografische Information der Deutschen Bibliothek:
Die Deutsche Bibliothek verzeichnet diese Publikation in
der Deutschen Nationalbibliografie; detaillierte
bibliografische Daten sind im Internet über
http://dnb.ddb.de abrufbar.

Gerhard Hanloser
Lektüre & Revolte

1. Auflage, Dezember 2017
ISBN 978-3-89771-246-1

© UNRAST-Verlag, Münster
Postfach 8020, 48043 Münster – Tel. (0251) 66 62 93
info@unrast-verlag.de – www.unrast-verlag.de
Mitglied in der assoziation Linker Verlage (aLiVe)

Umschlag: kv, Berlin
Satz: Andreas Hollender, Köln
Druck: Interpress, Budapest

Inhalt

Vorbemerkung

Dieses schmale Bändchen soll dazu anstiften, die Literatur der 68er-Revolte zur Hand zu nehmen und selbst zu studieren, zu sichten, zu debattieren, was einst auf der Theorieebene mit dem letzten großen weltweiten Aufbegehren gegen das Vorherrschende verbunden war. So sollen einige wesentliche Theorieentwürfe mitsamt ihrer Wirkung in einer höchst dynamischen Konfliktkonstellation dargestellt und dem Vergessen entrissen werden; Theorie- und Kritikentwürfe, die auch heute auf ihre Weise noch nicht abgegolten sind und einer Aufhebung harren. Denn, wie der große Doyen des deutschen 68, Hans Magnus Enzensberger, schon in den frühen 60ern schrieb, »jede revolutionäre Öffnung der Gesellschaftsordnung schließt sich wieder, aber sie hinterläßt eine Erinnerung, die sich mit der restaurativen Verfestigung nicht mehr abfinden kann: eine bleibende Narbe im Bewußtsein, die nie wieder spurlos verheilt«.[1]

In der Folgezeit fand nicht umsonst beinahe ein Wettbewerb statt, wer die bleibende Narbe im Bewusstsein am besten kaschieren oder weiter auszubrennen in der Lage ist. Die einen griffen zum Puderdöschen, die anderen zum glühenden Messer. Hektik, Verve und Vehemenz verraten dabei mehr über den Diskursakteur als über den Gegenstand selbst.

»Es ging darum, wer am besten auf den Mai 68 spuckte. Diesem Hass entsprechend haben sie ihr Aussagesubjekt konstituiert: ›Wir, die wir den Mai 68 gemacht haben, wir können euch sagen, dass das dumm

---

1   Hans Magnus Enzensberger, Einzelheiten I. Bewußtseins-Industrie, Frankfurt am Main 1964, S. 189

war und dass wir das nicht mehr machen werden‹. Einen Groll auf
68, mehr haben sie nicht zu verkaufen.«[2]

So urteilte Gilles Deleuze im Jahre 1977 über den ehemaligen Maoisten André Glucksmann, der in der Retrospektive einen irrationalen Hass auf diese Revolte verspürte und als Medienphilosoph in dieser Zeit diesen Hass in gutes Geld umzumünzen wusste.

Wo der Hass regiert, muss die Ratio nicht zwingend aussetzen, meistens ist dies jedoch der Fall. Bevor der Berliner Historiker Götz Aly die Revolte unter dem Stichwort »Jugendbewegung« vor die Kulisse des Faschismus schob, musste er die Selbstzeugnisse der Revolte, die für eine solche Verschiebungsleistung einfach zu sperrig sind, als Schrott etikettieren. Auf den Müllhaufen der Geschichte damit, scheint Alys Motto zu sein, wie er im Gespräch mit dem *Börsenblatt* deutlich machte:

> »Ich fragte mich, welche Texte könnte ich heute beispielsweise meinen Kindern in die Hand drücken und sagen: Lies das mal, das lohnt sich, das ist grundlegend. Es ist ernüchternd: Ich fand nichts. Alle diese Texte wirken völlig tot und uninteressant. Da finden Sie nicht einen einzigen vernünftigen Artikel, den Sie heute noch mit Gewinn lesen könnten.«[3]

Keine Frage: Die Texte werfen keinen Gewinn im Sinne des *Börsenblatts* ab. Schließlich ging es ihnen um nichts Geringeres als Antikapitalismus. Praktisch und theoretisch. 1968 wurde nicht nur demonstriert, protestiert, wurden Sit-ins und Go-ins veranstaltet, Springerauslieferungsautos

---

2   Gilles Deleuze, Über die Neuen Philosophen und ein allgemeines
    Problem, in: Schizophrenie & Gesellschaft. Texte und Gespräche
    1975-1995, Frankfurt am Main 2005, S. 137

3   »Radikalismus des Alles oder Nichts«, Götz Aly im Gespräch
    mit Wolfgang Schneider in: Deutsches Börsenblatt 17.1.2008,
    online: https://www.boersenblatt.net/artikel-gespraech.178419.
    html

und Kaufhäuser angezündet, sondern es wurde auch gelesen. Eine ganze Menge sogar. Manche sprechen von 1968 sogar als einer *Lesebewegung*. Der Sozialwissenschaftler Heinz Bude bemerkte einmal, die Neue Linke sei eine Bewegung neuer Texte gewesen. Das stimmt nicht ganz, denn im Kern waren es die alten Texte, die durch die Neuen Linken wiederentdeckt wurden. Nach dem Faschismus bedurfte es regelrechter Bergungsarbeiten, all die Literatur wieder ans Licht zu bringen, die von den Nazis und den Eltern – was in 80 Prozent der Fälle leider zumeist identisch war – verbrannt und später in den Aufbaujahren ignoriert worden war. Mitte der achtziger Jahre stellte der Frankfurter Professor Frank Deppe bei einem Symposium über den SDS einmal die Frage: »Was hatten die SDSler damals eigentlich für Bibliotheken?« Er selbst erinnerte sich an Karl Korschs *Marxismus und Philosophie*, das er als hektografiertes Manuskript 1965 von Rudi Dutschke zur Verbreitung bekommen hatte. Raubdrucke wie dieser gehörten unmittelbar zur Praxis der Außerparlamentarischen Opposition (APO). Es ging darum, »sozialisierte Drucke und Reprints« zirkulieren zu lassen und für wenig Geld Zugang zu den wichtigsten Schriften eines tendenziell antiautoritären Sozialismus und Kommunismus herzustellen.

Der Spezialist für Raubdrucke der Außerparlamentarischen Opposition, Götz von Olenhusen, hat herausgefunden, dass zwischen 1969 und 1973 etwa 1.000 Titel raubgedruckt wurden – und der Anteil der Schriften, die davon der Kritischen Theorie zuzurechnen sind, überproportional groß war.[4] Raubdrucke wurden als »Aufklärung durch Aktion« begriffen. Im Sinne Walter Benjamins sollte so ein Gegenpol zur manipulierten Öffentlichkeit der Bewusstseinsindustrie

---

4   Vgl.: Albrecht Götz von Olenhusen, Christa Gnirß, Handbuch der Raubdrucke, Pullach bei München 1972

geschaffen werden. Große Verlage und die betreffenden Autoren versuchten bald, die Raubdruckbewegung zu stoppen, indem sie die Bücher selbst publizierten. Tatsächlich hatte fast jeder größere, um Seriosität bemühte Wissenschaftsverlag in Westdeutschland seine marxistischen Klassiker im Programm. Heutzutage will von den Schriften jedoch niemand mehr etwas wissen, im Antiquariat bekommt man sie nachgeworfen. Aly zeichnet also die Börsennotierung radikal antikapitalistischer Bücher vollkommen korrekt nach.

Der antiautoritäre Gehalt der Revolte lässt sich sicherlich daran ablesen, dass in den frühen sechziger Jahren bereits die wichtigsten Klassiker des »westlichen Marxismus« als Raubdrucke zirkulierten: Texte aus der Zeitschrift für Sozialforschung der dreißiger und vierziger Jahre, aber auch ganze Bücher von Theodor W. Adorno, Max Horkheimer, Herbert Marcuse, Georg Lukács, und immer wieder Wilhelm Reich. Horkheimer/Adornos *Dialektik der Aufklärung* war bereits seit 1947 vergriffen. Marcuse plädierte immer wieder dafür, sie neu aufzulegen, doch Adorno und Horkheimer schämten sich inzwischen für diese radikale, antikapitalistische und herrschaftskritische Schrift. Eine italienische Ausgabe wurde von den beiden sogar insgeheim wesentlich verändert. Derart bereinigt von Marx'schen Kategorien, lehnte die italienische revolutionäre Bewegung, der Operaismus, der sich auf die großen und kleinen Verweigerungskämpfe der Arbeiter selbst bezog, den antimarxistischen Pessimismus des »Frankfurterismus« ab. Ein schöner Schock war es daher auch für die im westdeutschen Establishment angekommenen Professoren, Raubkopien ihrer alten, noch marxistischen Schrift zu entdecken. Doch es gab auch andere: Hans Mayer freute sich, wie er in einem Brief an Horkheimer im Jahre 1971 kundtat, dass er seinen eigenen Beitrag über den Anarchismus aus der Studie *Autorität und Familie* als

Raubdruck käuflich erwerben konnte – erfreulicherweise für nur wenig Geld.[5]

Der Konflikt zwischen Frankfurter Schule und revoltierenden Studenten reichte tiefer, es ging um mehr als nur um Fragen der Verfügung über alte systemfeindliche Schriften. Denn nach dem Zweiten Weltkrieg hatte das Institut, das sich erneut in Frankfurt angesiedelt hatte, trotz der scharfen Kritik an den restaurativen Tendenzen in der Bundesrepublik eine systemstabilisierende Funktion eingenommen. Das Institut integrierte sich in den Kultur- und Universitätsbetrieb und verschrieb sich nicht mehr der fundamentalen Kritik, sondern der Korrektur und Reform.

Zum anderen zeigte sich in einer Zeit der Debatte über Möglichkeiten und Bedingungen der Revolution eine Theorie als hinfällig, die gerade die im Westen ausgebliebene und im Osten pervertierte Revolution kritisch reflektieren wollte. Es schien, als würden die Frankfurter den Geschichtsoptimismus des traditionellen Marxismus weniger produktiv überwinden, als vielmehr bloß in Pessimismus verkehren. Die Möglichkeit verändernder Praxis wurde von den Professoren, die weit davon entfernt waren, »Staatsfeinde auf dem Lehrstuhl« zu sein, zunehmend bestritten. Die Faschismuserfahrung kann für die Kritische Theorie und besonders für Adorno und Horkheimer nicht hoch genug eingeschätzt werden. Gerade das Bewusstsein vom Schrecken der Konzentrationslager machte den ungeheuer genauen und sensiblen Blick der Kritischen Theorie aus. Doch Hans-Jürgen Krahl, der militante Frankfurter SDS-Theoretiker, bemerkte treffend, dass »die Erfahrung des Faschismus auch

---

5 Laßt blühen! In: Der Spiegel. Nr. 45, 1969, S. 220–224, wichtige Schriften von Max Horkheimer wurden z. B. in mehreren Bänden vorgelegt unter dem Titel: Kritische Theorie der Gesellschaft, (Hg. Marxismus-Kollektiv) Frankfurt am Main 1968

Erkenntnisgrenzen gesetzt hat«. Das gesamte Dilemma des hilflosen Antifaschismus, der die bürgerliche Gesellschaft gegenüber ihrer barbarischen faschistischen Brut retten will, kommt in der späten Kritischen Theorie zum Ausdruck. Die Theorie und ihre Verkünder wurden selbst konservativ. Revolutionäre Spontaneität erinnerte die Frankfurter an die konterrevolutionär entstellte Spontaneität, die der Faschismus zu Herrschaftszwecken spektakulär inszeniert hatte. Habermas' Einwurf, die revoltierenden Studierenden betrieben einen »Linksfaschismus«, ist so weit von Adornos und Horkheimers Ängsten nicht entfernt gewesen. Denn Adornos gesellschaftstheoretische Einsicht, »derzufolge das Nachleben des Nationalsozialismus in der Demokratie als potentiell bedrohlicher denn das Nachleben faschistischer Tendenzen gegen die Demokratie anzusehen sei, ließ seine progressive Furcht vor einer faschistischen Stabilisierung des restaurierten Monopolkapitalismus in regressive Angst vor den Formen praktischen Widerstands gegen diese Tendenzen des Systems umschlagen«, wie »der Krahl« in seiner gewohnt verschachtelten Weise formulierte.

Die praktischen Auswirkungen der Kritischen Theorie waren 68 radikaler als ihre Protagonisten. Die Kritische Theorie übte auf die Studierenden eine enorm mobilisierende Kraft aus. Adorno vermittelte etwas, was interessanterweise gerade nicht zur Resignation führte, sondern zur Aktion anstachelte. Die Ohnmachtserfahrung gegenüber der technologisierten und bürokratisch verwalteten Welt schlug in Rebellion um. So wurde die Vorstellung vom übermächtigen Staatsmoloch – wie auch jene vom übergreifenden Verblendungszusammenhang –, die ursprünglich die westdeutschen Studenten und Oberschüler der neuen linken Bewegung auf die Straße trieb, von ihnen selbst praktisch widerlegt – zum Beispiel in der Anti-Springer-Kampagne 1967/68 und in der Tatsache, dass nicht wenige Lehrlinge und Jungarbeiter sich ihnen anschlossen und Anfang der 70er zu eigenständigen Aktionsformen drängten. Im bundesrepublikanischen »Spätkapitalismus« wurde mittels »konzertierter Aktion« die im Nationalsozialismus zur Volksgemeinschafts-Ideologie radikalisierte und in den Streiks der 50er Jahre angekratzte Sozialpartnerschaft zementiert und gleichsam modernisiert. Die BRD zeigte sich als »formierte Gesellschaft«. In vielerlei Hinsicht vollzog sich unter den Augen der protestierenden Studentinnen und Studenten eine Entwicklung, in der das Subjekt immer mehr zur verplanten und administrativ verwalteten Einheit wurde – bis in den Bereich der Kultur. Hans Magnus Enzensberger griff bereits Ende der 50er Jahre die Kritik der Kulturindustrie auf und führte sie in den Bereichen der Publizistik oder des Tourismus als Kritik der Bewusstseinsindustrie fort. Krahl meinte, den Auslöser der Proteste in der »Trauer um den Tod des Individuums« ausmachen zu können. Gegen diese Beleidigung der idealistischen, bürgerlichen Vorstellung von der Autonomie des Individuums richtete sich der Protest, der damit gleichsam eine Revolte gegen die Präsenz des Faschismus war, der diese autoritäre Formierungsleistung mit bewerkstelligte.

Das Verdienst des SDS-Theoretikers Hans-Jürgen Krahl bleibt, genau diese bürgerliche Beschränktheit der Kritischen Theorie und ihrer Adepten angegriffen zu haben. Seine Schriften von 1967 bis 1970 sind gleichsam ein Zeitfenster zwischen Radikalisierung und gleichzeitiger Überwindung der Kritischen Theorie auf der einen und Verdrängung der Kritischen Theorie durch den Dogmatismus der ML-Gruppen auf der anderen Seite. Der Adorno-Schüler versuchte, die Phase der bürgerlichen, antiautoritären Proteste in eine der Organisation des Klassenkampfes zu überführen, ohne in den Leninismus abzugleiten. Er sah einen dringenden

Bedarf, die Kritische Theorie zu überwinden, da sie die kapitalistische Totalität nicht in ihrer »klassenantagonistischen Dualität« wirklich begreifen konnte, denn »der praktische Klassenstandpunkt, um es einmal so verdinglicht zu sagen, ist nicht theoretisch konstitutiv in die Theorie eingegangen«. Dass sich einige SDS-Betriebsgruppen bildeten und auf Tuchfühlung mit der Produktion und den Arbeitern gingen und so – meist kurzzeitigen – »Klassenverrat« begingen, ist nicht zuletzt ihm zu verdanken.

Hans Jürgen Krahl versuchte den westlichen Marxismus voranzutreiben, seine Schriften und Reflexionen, die er in einem Koffer sammelte, wurden erst posthum nach seinem frühen Unfalltod im Jahr 1970 veröffentlicht. *Konstitution und Klassenkampf* ist neben der Schrift des Blochianers Rudi Dutschke, *Versuch, Lenin auf die Füße zu stellen*, und Bernd Rabehls *Geschichte und Klassenkampf* die wichtigste theoretische Schrift der außerparlamentarischen Studentenbewegung in der Bundesrepublik.[6]

---

6   Vgl.: Hans-Jürgen Krahl, Konstitution und Klassenkampf. Schriften und Reden 1966–1970, Frankfurt am Main 1970; Bernd Rabehl, Geschichte und Klassenkampf, Berlin 1973; Hans Magnus Enzensberger, Einzelheiten I. Bewußtseins-Industrie, Frankfurt am Main 1964

Rudi Dutschkes Literaturliste

Im Jahre 1966 kommentierte Rudi Dutschke in einer Sondernummer der *SDS-Korrespondenz* auf 28 Seiten die »Literatur des revolutionären Sozialismus von K. Marx bis in die Gegenwart«. Und anders als der damals realsozialistisch verstaatlichte Marx zeigte sich bei Dutschke ein »bewegter Marx«. Die Zeit war auch theoretisch reif für die Aneignung des ganzen Marx, also auch des »frühen Marx«, der in *Die deutsche Ideologie* eine Lanze für die Empirie brach, eine materialistische Geschichtstheorie entwarf und in den *Ökonomisch-Philosophischen Manuskripten* eine Entfremdungskritik formulierte. Und die seit 1953 wieder vorliegenden *Grundrisse*, die wichtige Vorarbeit zum *Kapital*, legten die vielleicht deutlichsten Spuren für die Suche nach einer nachkapitalistischen Gesellschaft. Vor dem Hintergrund der Automatisierung der Produktions- und Verteilungsprozesse und des allgemeinen Wissens sei, so erklärte Rudi Dutschke, der »Kampf gegen das anachronistische Vollbeschäftigungsmodell der kapitalistischen Regierung« und für die »Abschaffung der repressiven Arbeit« materiell längst möglich und entspräche der Bedürfnisstruktur der aufbegehrenden Jugend. Dutschke lehnte es ab, einen »reinen Marx« zu rekonstruieren, und warnte, die marxistische Theorie als überhistorische Geschichtsphilosophie zu verstehen. Marx war kein Modernisierungstheoretiker, der die westeuropäische Entwicklung für alle Länder verbindlich als Notwendigkeit behauptete. Diese Einsicht weitete Dutschke in seinem *Versuch, Lenin auf die Füße zu stellen* von 1974 zu einer

Leninkritik aus. Lenin sei unfähig gewesen, auf die halbasiatische Realität Russlands angemessene Antworten zu geben. Dutschkes Marx erklärte den russischen Kommunisten und Sozialrevolutionären:

> »Rekonstruiert und organisiert erneut die kommunistisch-agrikole Struktur eures Landes nach dem Sturz des Zarismus. Dann ist eure Zukunft im weltweiten Zusammenhang des Krisen- und Niedergangssystems des Kapitalismus abgesichert!«

Dutschkes Ablehnung von Geschichtsmetaphysik und der kanonisierten Stufenmodelle der III. Internationale führte zu einer Rezeption von Karl Korschs berühmten Thesen aus dem Jahre 1950. Darin wies Korsch Marx nur noch einen Platz unter vielen Vorläufern, Begründern und Weiterentwicklern der sozialistischen Bewegung zu. Man solle im Sinne einer materialistischen Geschichtsauffassung die utopischen Sozialisten, Blanqui, Bakunin und die Bolschewiki nicht als Abweichler von einer »reinen Lehre« ansehen, sondern als jeweils ambivalente Antwort auf die geschichtliche Wirklichkeit. Korsch verwarf bereits das »Zwei-Phasen-Modell der kommunistischen Revolution«, in deren erster Phase die Eroberung des bürgerlichen Staates und die Zentralisierung aller Aufgaben in diesem Staat anstehen würden. Diese kritische Erbschaft von Korsch nahm Dutschke auf:

> »Diese Etappentheorie, die in der Phase der für die Beseitigung des Mangels und der Notdurft notwendigen Entfaltung der Produktivkräfte durch die bürgerliche Gesellschaft alles für sich hatte, den ›Sieg‹ von Marx über Bakunin historisch rechtfertigte, kann für unsere Zeit, in der bei uns in den Metropolen der Kapitalismus auch nicht mehr einen einzigen Funken temporärer Notwendigkeit in sich hat, kaum noch Bedeutung haben.«

Von der reinen rätekommunistischen Kritik an Lenin hielt Dutschke nicht viel. Für ihn litten die Rätekommunisten genauso wie Lenin an »sozialdemokratischer Europabefangenheit«. Während Lenin die Rückständigkeit militaristisch-dirigistisch überwinden wollte, kritisierten die Rätekommunisten nur, dass eine proletarische Revolution im bäuerlichen Russland vergeblich sei, und rezipierten kaum andersgelagerte Sozialismusvorstellungen. Für Dutschke war eine Bauernrevolution theoretisch wie praktisch möglich. So konnte er auch der alten rätekommunistischen Idee von der Notwendigkeit einer Kulturrevolution als Voraussetzung für eine proletarische Revolution einiges abgewinnen. Denn Dutschke blickte in den 70er Jahren mit großer Sorge auf die »marxistisch-leninistischen« Kadergruppen, die bereits 1968/69 der antiautoritären Rebellion mit ihrem karnevalesken und gleichzeitig autoritären Lenin-Stalin-Mao-Spuk den Todesstoß versetzten. Zu Mao selbst findet sich viel Zweideutiges bei Dutschke. Nur eines war ihm klar: wir leben in Deutschland und nicht in Peking. Die peking- und moskautreuen Parteikommunisten hatten für Kritik bereits damals so wenig Verständnis wie heute. Robert Steigerwalds auf die Berliner Zeitschrift *Das Argument* bezogene Abfertigung, »diese Art intellektuelles Lumpenproletariat« erweise sich »mit seinen Vorbehalten gegenüber dem Sozialismus und seiner Abstinenzhaltung zum Leninismus als schlimmer als das Lumpenproletariat«, stehen dafür paradigmatisch.

Nach 1969 bekam Marx in Westdeutschland ein chinesisches Outfit: Man redete gerne vom »Volk«, und der Klassenbegriff war plötzlich so stahlarbeiterfixiert wie im ML-Marxismus die Tonnenideologie. Dass der Kommunismus nicht die Befreiung der Arbeit vom parasitären Kapital, sondern die »Tendenz zur Befreiung von der Arbeit« (Dutschke) beinhaltet, wurde rasch verdrängt. Die Texte des Frankfurter SDS-Theoretikers Hans-Jürgen Krahl, die einen Ausweg hätten eröffnen können, schimmelten noch vor sich hin, und wer sie später entdeckte, wollte – wie die RAF ganz richtig bemerkte – nur noch eine Dissertation schreiben.

Marx wurde in den K-Gruppen sinisiert und germanisiert zugleich, indem man die KPD-Ideologie der 30er Jahre mit chinesischem Pseudo-Bauernsozialismus kombinierte. Das erfreulichste Ergebnis war sicherlich, dass dieser Marx zuweilen so popularisiert wurde, dass auch Lehrlinge, Jungarbeiter und Schüler ihre Kritik marxistisch ausstaffieren konnten. Dies erfolgte nicht selten parallel zu der begeisterten Lektüre von Berni Kelbs *Betriebsfibel*, die der aus einer kommunistischen Hamburger Arbeiterfamilie stammende Aktivist 1971 als »Anleitung für den revolutionären Betriebsarbeiter, der als einzelner mit Hinblick auf die Bildung einer Basisgruppe den Kampf aufnehmen will« beim *Wagenbach Verlag* veröffentlichte. Andererseits griff eine »wissenschaftliche« Verhunzung von Marx um sich, in der noch das letzte gesellschaftliche Phänomen aus dem Kapitalverhältnis »abgeleitet« werden sollte und die zu einem Boom marxistischer akademischer Abschlussarbeiten führte.[7]

---

7   Vgl.: Rudi Dutschke, Zur Literatur des revolutionären Sozialismus von K. Marx bis in die Gegenwart, sds-korrespondenz sondernummer Berlin 1966, Rudi Dutschke, Uwe Bergmann, Wolfgang Lefévre, Bernd Rabehl: Rebellion der Studenten oder Die neue Opposition, Rowohlt, Reinbek bei Hamburg 1968; Rudi Dutschke: Versuch, Lenin auf die Füße zu stellen. Über den halbasiatischen und den westeuropäischen Weg zum Sozialismus. Lenin, Lukács und die Dritte Internationale, Berlin 1974

Kommunen und Konsumenten

Aktionistische Wortarbeit und subversive Praxis vollkommen jenseits bierernster oder gar akademischer Marx-Exerzitien konnte man in Westberlin in kleinen Zirkeln finden, die sich *Spur* nannten, *Anschläge, Gruppe »Viva Maria«* oder eben die berühmt-berüchtigte *Kommune I.* Sie agierten im Berlin des Jahres 1967 unabhängig vom Sozialistischen Deutschen Studentenbund und konnten auf eine mehrjährige subversive Praxis im Geiste der Situationistischen Internationale zurückblicken.

Gegen eine Politik der Trennung, gegen das Aufspalten des Lebens in verschiedene Sphären, war in der Zeit nach dem Zweiten Weltkrieg die Situationistische Internationale (SI) in Frankreich entstanden. Ursprünglich in der Künstlerszene beheimatet, emanzipierte sie sich von diesem Milieu, begriff auch die »Kunst« und den »Künstler« als ein Produkt der kapitalistischen Trennung und rezipierte Marx. Die Situationistische Internationale nahm bereits in den 50ern und frühen 60er Jahren einiges vorweg, was 1967 über die alte Welt hineinbrach: eine fundamentale Infragestellung der kapitalistischen Gesellschaft durch die Schaffung spontan revolutionärer Situationen.

Die Gruppe war stark beeinflusst vom marxistischen Kritiker des Alltagslebens, Henri Lefebvre. Der marxistische Philosoph veröffentlichte 1946 den ersten Band seines Werkes *Kritik des Alltagslebens*, 1961 den zweiten. Guy Debord, Kopf der SI und Autor von *Die Gesellschaft des Spektakels*, unterhielt zu ihm eine Zeitlang Kontakt.

Mit ihrer Kritik der Ware sind die Situationisten Vorgänger der ab Anfang der 90er Jahre in Deutschland von Robert Kurz und der Krisis-Gruppe reformulierten Kritik der kapitalistischen Gesellschaft als Warengesellschaft. Die Fetischismuskritik der SI verblieb auf der Ebene der Zirkulation und drang nicht durch bis zu einer Fetischismuskritik auf der Ebene des Kapitals oder der Technologie. Dennoch muss Guy Debords Schrift *Die Gesellschaft des Spektakels* von 1967 in die Schriftenreihe wichtiger philosophischer Werke der radikalen Linken aufgenommen werden – an manchen Stellen ist die Schrift der *Dialektik der Aufklärung* von Adorno und Horkheimer nicht unähnlich.

Die SI beerbte den westlichen Marxismus, für den am prominentesten Georg Lukács steht. Sie übten wie dieser eine Kritik des falschen Bewusstseins und machten den Begriff der Totalität stark. Bei Lukács muss sich das Bewusstsein in der kommunistischen Partei manifestieren, die eine Gegentotalität zur bestehenden kapitalistischen darstellen sollte, bei der SI musste sich das »enorme Bewußtsein« (Marx) in der SI einerseits und den Arbeiterräten andererseits ausdrücken.

Die SI hielt der »toten Warenwelt« oftmals einen radikalen Subjektivismus entgegen, eine vitalistische positive Utopie, wie sie besonders in den Schriften von Raoul Vaneigem zum Ausdruck kommt. Vaneigem, der noch 1990 die Streitschrift *An die Lebenden!* veröffentlichte, wurde Anfang der 70er Jahre in Westdeutschland mit seinem *Handbuch der Lebenskunst für die junge Generation* bekannt. Reine, unverstellte Lust, die jede Dominanz und Macht zu verhindern trachtet, wurde von ihm der toten kapitalistischen Gesellschaft entgegengehalten.

Die Revolution sollte sexy sein. Teilweise wirken die Subversionsstrategien der SI und vor allem ihrer Nachfolger lächerlich. Längst hatte die Werbeindustrie das situationistische Motiv der Verfremdung aufgenommen, und wo die Situationisten in ihren Publikationen noch Werbe-Girlies Marx-Zitate als Subversionsstrategie in den Mund legten, hatte die Werbeindustrie selbst das Situationen-Schaffen, das Unvorhersehbare, die Lüste und die Revolution für ihre Werbezwecke entdeckt.

Für die SI war das Proletariat immer noch Hoffnung und Subjekt-Objekt der Revolution zugleich, die Initialzündung konnten aber auch nicht-lohnabhängige Gesellschaftsschichten geben. Schließlich lag für sie der revolutionäre Funke nicht mehr in der Ausbeutung allein, sondern im Elend der sozialen Beziehungen. Studenten mochte die SI allerdings nicht besonders, die schärfste Schrift von ihnen ist *Über das Elend im Studentenmilieu (betrachtet unter seinen ökonomischen, politischen, psychologischen, sexuellen und besonders intellektuellen Aspekten und über einige Mittel, ihm abzuhelfen)*.

Rätebildung und Abschaffung der Lohnarbeit und aller Institutionen sowie die Vorbereitung auf diesen Zustand – das war das Programm der »Situs«, wie die Situationisten genannt wurden. Es ging ihnen darum, vom revolutionären Generalstreik zur generalisierten Selbstverwaltung zu gelangen, wie sie in *Das Elend des Studentenmilieus* schreiben. Das Vorgegebene sollte aber in der neuen Rätestruktur nicht bloß anders verwaltet werden, sondern einer radikalen Umformung unterliegen, womit die alte Forderung der anarchistischen und Rätebewegung nach Selbstverwaltung revolutionär transzendiert wurde:

> »Die Selbstverwaltung der Warenentfremdung würde aus allen Menschen bloße Programmierer ihres eigenen Überlebens machen: die Quadratur des Kreises. Folglich würde die Aufgabe der Arbeiterräte nicht die Selbstverwaltung der bestehenden Welt, sondern ihre ununterbrochene, qualitative Umwandlung sein: die konkrete Aufhebung der Ware (als gigantische Umlenkung der Produktion

des Menschen durch sich selbst). Diese Aufhebung impliziert selbstverständlich die Abschaffung der *Arbeit* und ihre Ersetzung durch einen neuen Typ freier Tätigkeit, also die Abschaffung einer der grundsätzlichen Spaltungen der modernen Gesellschaft in eine zunehmend verdinglichte Arbeit und passiv konsumierte Freizeit.«

Zusammengefasst wurde dies im bekannten Mai-68-Spruch »Travaillez pas« – Arbeitet nie! Die schönste Definition, wie eine moderne Revolution in hochentwickelten Gesellschaften gelingen mag, kommt so auch von dem situationistischen Sozialrevolutionär Emile Marenssin. Demnach wird es dann revolutionär, wenn die Studenten nicht mehr zukünftige Ausbeuter sein wollen und die Arbeiter nicht mehr länger Ausgebeutete.

Von den Stadtguerilla-Konzepten, die sich nach dem Scheitern der 68er-Bewegung in Italien und Deutschland breitmachten, hielten die Situationisten nicht viel. Der Terrorismus und der Staat sind zu sehr Fleisch vom Fleische, bespiegeln sich im jeweilig anderen. Im Gegensatz zur legalistischen KPI-Position zum Terrorismus in Italien, kritisierte die SI den Terrorismus vom Standpunkt der 70er-Jahre-Revolten und des Proletariats als einzige Kraft der Negation. Der italienische Situationist Sanguinetti empfand den Terrorismus der Roten Brigaden als spektakuläre Inszenierung, die mit proletarischen Aktionen nichts mehr zu tun habe. Hier kämpfe nur noch ein Staat gegen einen Pseudostaat, und die Proletarier würden zu Zuschauern degradiert. Die mitunter interessantesten Schriften aus dem SI-Zusammenhang kommen von Leuten, die vollkommen unbekannt geblieben sind. Jaime Semprun hat ein so böses und witziges Pamphlet gegen die Meisterschwätzer der Postmoderne und des Strukturalismus verfasst, dass man es als Schwarzdruck an sämtlichen Instituten der Soziologie heute noch verteilen möchte. Unter dem Titel *Rive Gauche* veröffentlichte es Lutz Schulenburg von der Edition Nautilus Ende der 70er. Michel Foucault, André Glucksmann, Jean-Francois Lyotard, sie alle bekommen ihr Fett ab: schon lange verstehe sich der dümmliche Nihilismus dieser Schickeria als der gänzliche Positivismus zu den monatlichen Gehaltsbezügen.

Die Situationisten waren böse: böse zu anderen, doch auch hart zueinander. Guy Debord, der Kopf der SI, bewirkte regelmäßig Ausschlüsse von Mitgliedern der Situationistischen Internationale. Die SI endete so, wie man es nicht anders hat erwarten können: in einer Spaltung. Debord und Sanguinetti meinten, ihr Projekt gegen allerhand »kleinbürgerliche« Prosituationisten schützen zu müssen: zwar seien nicht alle Studenten und Bürgersöhne, aber »alle sind sie mit einer bestimmten Gesellschaftsschicht verknüpft, ob sie sich nun vornehmen, wirklich deren Status zu erwerben, oder sich darauf beschränken, die ihr eigentümlichen Illusionen im voraus zu konsumieren. Diese Schicht ist die der Führungskräfte«. Die situationistische Subversion, Gedächtnis und Bewusstsein des Proletariats als Verweigerung und Negation, drohte korrumpiert zu werden – auch durch ihre eigenen Publizität: »Je bekannter unsere Thesen werden, um so obskurer werden wir selbst sein.«

Obskur wurde der deutsche situationistische Teil der 60er-Revolte tatsächlich, als er in die Öffentlichkeit gezerrt wurde und sich dort auch im Scheinwerferlicht gefiel. Rainer Langhans wurde zum schönen Star der Revolte, als die Medienvertreter in die Kommune I einfielen und ihn mit Uschi Obermeier ablichten durften. Doch die Kommune I und vor allem die aus ihr hervorgehende Kommune 2 war mehr: Sie war der Versuch, tatsächlich die bürgerlichen Umgangsformen aufzusprengen und ein anderes Leben im Hier und Jetzt zu proben. Fritz Teufel und Dieter Kunzelmann konzipierten sie als Basisstation für koordinierte Unruhestiftung. Ursprünglich war das dem SDS noch zu viel des Aktionismus: Wegen »scheinrevolutionärer Betätigung« wurde der Kommunarde Fritz Teufel 1967 aus dem Sozialistischen Deutschen Studentenbund ausgeschlossen. Doch die öffentlichkeitswirksamen Aktionen der Kommune I – wie das Pseudo-«Attentat« auf den damaligen US-Vizepräsidenten Hubert H. Humphrey mit Wurfgeschossen aus Puddingpulver und Mehl, aber auch koordinierte Aktionen vor Gericht und gegen die Justiz – führten zu einem enormen Prestigegewinn der außerstudentischen und außerakademischen Fundamentalopposition. So hatte die Kommune I nach einem Brand im Brüsseler Kaufhaus *À l'innovation* im Mai 1967 ein Flugblatt mit der Überschrift »Wann brennen die Berliner Kaufhäuser?« verteilt, in dem sie unter anderem schrieb: »Unsere belgischen Freunde haben endlich den Dreh raus, die Bevölkerung am lustigen Treiben in Vietnam zu beteiligen: sie zünden ein Kaufhaus an, zweihundert saturierte Bürger beenden ihr aufregendes Leben, und Brüssel wird Hanoi.« Und sie fahren fort: »Wenn es irgendwo brennt in der nächsten Zeit, wenn irgendwo eine Kaserne in die Luft geht, wenn irgendwo in einem Stadion die Tribüne einstürzt, seid bitte nicht überrascht.«

Wenig später ließ die Kommune I unter dem Titel »Warum brennst du, Konsument?« ein weiteres Flugblatt folgen.

> »So sehr wir den Schmerz der Hinterbliebenen in Brüssel mitempfinden: wir, die wir dem Neuen aufgeschlossen sind, können, solange das rechte Maß nicht überschritten wird, dem Kühnen und dem Unkonventionellen, das, bei aller menschlichen Tragik, im Brüsseler Kaufhausbrand steckt, unsere Bewunderung nicht versagen.«

Teufel und Langhans wurden daraufhin wegen Anstiftung zur Brandstiftung angeklagt. Gutachter und Literaten bestritten jedoch eine geistige Brandstiftung. Teufel und Langhans dokumentierten in einer Kollage aus Gerichtsberichten,

Kommune-Aphorismen und Lesefrüchten die Versuche der Justiz, gegen die Kommunarden vorzugehen, während sie sich doch bloß, wie die beiden jungen Autoren es formulierten, in einer »Strafprozessunordnung« verstrickten. Die Kommune wurde im Gegensatz zum eher spröden SDS zu einem Zug- und Paradepferd der Revolte, und so trug der SDS Fritz Teufel 1968 die Mitgliedschaft wieder an, was Teufel jedoch ablehnte: Denn es sei der SDS, der lediglich die Revolution zerredete und damit scheinrevolutionär sei. Fritz Teufels zusammen mit Rainer Langhans herausgegebene Dokumentation *Klau mich* reüssierte 1968 auf der Buchmesse in Frankfurt am Main. Am ersten Tag war die erste Auflage mit 20.000 Exemplaren vergriffen. Gerne wird Fritz Teufel, der 2010 gestorben ist, als Vertreter einer »Spaßguerilla« bezeichnet. Doch Teufel war insofern ernsthafter Fundamentaloppositioneller, als er ab 1974/75 an Initiativen zur Bildung einer an der italienischen Erfahrung geschulten Fabrikguerilla beteiligt war. Dafür heuerte er auch unter falschem Namen zum Dreischichtenmalochen in einem Essener Betrieb zur Produktion von Deckenrastern für Büro- und Industriegebäude an.[8]

8   Rainer Langhans, Fritz Teufel, Klau mich. Frankfurt/Berlin 1968;
    Gesammelte Ausgabe des Organs der Situationistischen Internationale. 2 Bände. Hamburg 1976/1977

Faschismustheorie statt Totalitarismus

Der Rechte sagte in der BRD der 50er und 60er: Wer über Barbarei und Kulturverfall reden will, muss über das rote Reich des Bösen reden. Der Linke antwortete: Wer über das böse Reich der Roten redet, will über das braune Reich der Mörder schweigen. Er hielt es mit dem frühen Horkheimer: Wer über Kapitalismus nicht reden will, soll über den Faschismus schweigen.

Der Normalbürger wollte über alles reden, nur nicht über den Kapitalismus. Und über den Faschismus schon gar nicht. Über den dachte er nicht viel nach, und wenn, dann sprach er: Der Führer war's. Der war diabolisch, verführerisch und antichristlich, also irgendwie ortsfremd. Um Deutschland und den Kapitalismus für sakrosankt zu erklären, stellte man den Faschismus als asiatische Diktatur dar und das Dritte Reich als irrationales Pogromereignis. Und man fand einen Begriff, der dies alles bündelte: Totalitarismus. Denn wo über Totalitarismus gesprochen wird, kann über Faschismus und Kapitalismus geschwiegen werden.

Als Mitte der 60er Jahre eine linkssozialdemokratische Opposition entstand, berief sie sich auf die verschüttete Tradition des sozialdemokratischen und kommunistischen Antifaschismus. Der auf den demokratischen Konsens eingeschworene »hilflose Antifaschismus« der BRD-Gesellschaft, der mehr verschleierte als aufklärte, sollte überwunden werden. Wolfgang Fritz Haug untersuchte in seinem gleichnamigen 1967 erschienenen Buch die Ideologie der Vorlesungsreihen über Wissenschaft und NS an bundesdeutschen Universitäten. Er fand eine Sprache, die die Funktionszusammenhänge faschistischer Herrschaft verdunkelte. Den Totalitarismusbegriff lehnte er als antikommunistischen Unsinn ab. In einer klaren, wenn auch nicht ganz einfachen Sprache, die heute noch Götz Aly provoziert, schrieb Haug:

> »Der Begriff des Totalitarismus, der beiläufig bei einigen Autoren auftaucht, dessen Bedeutung oder gar Problematik aber nirgends auch nur skizziert wird, ist, wenn man vom Sprachstand der hier untersuchten Texte ausgeht, ebenso wie die altväterlichen Begriffe Despotie und Tyrannis zum eigentlich sachleeren negativen Reizwort geworden. Seine Verwendung hat zusätzlich eine aktuelle politische Funktion. Indem sie den Faschismus undiskutiert mit dem Kommunismus gleichsetzt durch gemeinsame Subsumtion unter einen Oberbegriff, bereitet sie die Umpolung des Antifaschismus auf Antikommunismus vor.«

Alte und neue Linken lasen damals *Das Argument*. In dieser 1959 an der Freien Universität Berlin (FU) entstandenen akademischen Zeitschrift aus Westberlin, die als linksbürgerliche Zeitschrift begann, die Massenmedien und ihre Manipulation kritisierte und eine Aussöhnung mit Polen propagierte, ging es ab Mitte der 60er um die Gewinnung eines Faschismusbegriffs auf der Höhe der kritischen Theorie und der empirischen Geschichtsforschung. Mit den Vertretern der Sowjetideologie wurde ein kritischer Dialog angestrebt. Den Autoren Bernhard Blanke, Reimut Reiche und Jürgen Werth etwa erschien die sowjetische Faschismustheorie »fast als östliches Gegenstück zur westlichen Totalitarismustheorie«. Sie beklagten eine Beschränkung auf die »Personalakten aus den Dokumentenbänden und ein formalisiertes System von Klassenherrschaft und ›Hauptwidersprüchen‹«.

Vor allem aber geißelte die Zeitschrift den »Rot gleich Braun«-Konsens. Wenn konservative Christen den Atheismus Hitlers und Stalins zum Urgrund totalitärer Katastrophe erklärten, war ihnen der Spott der Linken gewiss. Diese verwarfen dabei jedoch nicht den Begriff des »Totalitären«. Den ließen sie für die Bestimmung des historischen Faschismus gelten, gehörte er doch zu dessen Selbstbeschreibungen (in Form des »stato totalitarismo« Mussolinis und des von Carl Schmitt geprägten Begriffs des »totalen Staates«).

Um den Formalismus der Totalitarismustheorien zu überwinden, untersuchten die Linken die ökonomischen, politischen und philosophischen Bedingungen der unterschiedlichen Faschismen. Dabei griffen sie interessanterweise auf ein Buch des damaligen Außenseiters Ernst Nolte zurück: *Der Faschismus in seiner Epoche* von 1963. Die französische Action Française, der italienische Faschismus und der deutsche Nationalsozialismus sind hier allesamt als ultranationalistische, reaktionäre und antikommunistische Formationen vorgestellt, die eine fortschrittliche Transzendenz verhindern. Faschismus und Bolschewismus sind in dieser fulminanten Schrift Antagonisten, Todfeinde, nicht, wie die Antitotalitären raunen, irgendwie ähnlich.

1965 wurde Nolte zum Geschichtsprofessor in Marburg berufen. Ab 1968 ein unruhiges Pflaster. Immer mehr sah Nolte das liberale, zivilisierte Abendland vom asiatischen Bolschewismus bedroht. Es wuchs sein Verständnis für den Faschismus als antikommunistisches Bollwerk. Die Studentenbewegung machte den konservativen Liberalen zu einem antikommunistischen Reaktionär. 1970 versuchte Nolte schon, die Habilitation des marxistischen Faschismustheoretikers Reinhard Kühnl in Marburg zu verhindern. Aus dem ideengeschichtlichen Faschismusanalytiker war ein apologetischer Kämpfer gegen Neo-, Altmarxismus und Bolschewismus geworden.[9] Und der Zeitgenosse und Kombattant Nolte stieß sich nicht zuletzt am Antifaschismus der 68er.

Der Revolte ihren antifaschistischen Impuls abzusprechen, worauf Nolte im Gegensatz zu manch heutigem Anti-68er nie verfallen wäre, käme einer Verhöhnung gleich, schließlich verteilte bereits 1968 der SDS in Westberlin ein Flugblatt mit dem Titel »Organisieren wir den UN-GEHORSAM gegen die Nazi-Generation«. Es enthielt folgende Aufforderung:

> »Leisten wir Widerstand gegen ehemalige Nazi-Richter, Nazi-Staatsanwälte, Nazi-Gesetzgeber aller Couleur, Nazi-Polizisten, Nazi-Beamte, Nazi-Verfassungsschützer, Nazi-Lehrer, Nazi-Professoren, Nazi-Pfaffen, Nazi-Journalisten, Nazi-Propagandisten, Nazi-Bundeskanzler und nicht zuletzt gegen die Nazi-Kriegsgewinnler, Nazi-Fabrikanten, Nazi-Finanziers. Verweigern wir uns total den Nazis (...) Mobilisieren wir die permanente ANTI-NAZI-KAMPAGNE. Bereiten wir den Aufstand gegen die Nazi-Generation vor.«

Etwas spröde und verknappt wies Dutschke in seiner Leseliste auf die Faschismusarbeiten in der Emigration von Richard Löwenthal hin, die er in der *Zeitschrift für Sozialismus* unter dem Pseudonym Paul Sering Mitte der 30er Jahre veröffentlicht hatte:

> »Da die sozialistische Arbeiterbewegung unfähig war, die Wirtschaftskrise sozialistisch zu gestalten, wurde sie zum Objekt der Krise, wurde die ›Volksgemeinschaft des Bankrotts‹, die in allen Schichten und Klassen zu finden war, immer mehr die bestimmende Kraft der Gesellschaft: Die typischen Resultate des Faschismus waren: ›1. eine neue höhere Form der staatlichen Organisation 2. eine neue

9 Vgl. z. B.: Wolfgang Fritz Haug & Christof Müller-Wirth (Hrsg.), Das Argument Nr. 31-33. Faschismus-Theorien (I-III) 1964-65.; Wolfgang Fritz Haug, Der hilflose Antifaschismus. Zur Kritik der Vorlesungsreihen über Wissenschaft und NS an deutschen Universitäten, Frankfurt am Main 1967; Autorenkollektiv, Faschismusanalyse, Bürgerlicher und faschistischer Antisemitismus, Linkeck-Reihe: Sozial-revolutionäre Schriften III, Berlin 1968

reaktionäre Form gesellschaftlicher Organisation 3. eine wachsende Hemmung der ökonomischen Entwicklung durch reaktionäre Kräfte, die sich der Staatmacht bemächtigt haben.‹«

1968 wollte die Schwere und Wucht der von fast allen Deutschen mitgetragenen, zumindest jedoch gewussten Vernichtung der europäischen Juden allerdings noch nicht ins Bewusstsein der jungen revoltierenden Jugend treten. Man ahnte, welchen biografischen Hintergrund die nach wie vor sadistisch prügelnden älteren Polizisten aufzuweisen hatten, doch wirklich verbalisiert wurde es nicht. Auch ahnte Dutschke, welche bittere Aufarbeitung der Vernichtungspolitik zu leisten wäre, wollte aber von einem solchen Unterfangen, das wenig utopischen Optimismus und Glaube an eine Weltveränderung von unten hervorbringt, von einer rückwärtsgewandten Aufarbeitung dieser jüngsten deutschen Vergangenheit absehen:

> »Wenn wir das anfangen, verlieren wir unsere ganze Kraft. Eine solche Kampagne ist von unserer Generation nicht zu verkraften, aus dieser Geschichte kommen wir nicht mehr heraus. Man kann nicht gleichzeitig den Judenmord aufarbeiten und die Revolution machen.«

Der führende SDS-Kopf machte auch deutlich, dass die neue Leitideologie der BRD der Antikommunismus, nicht der Antisemitismus sei. Wo man als SDS Klassenkampf statt Volksgemeinschaft propagierte, hatte man allerdings auch schon durchschaut, dass es in der NS-Gesellschaft um konterrevolutionäre Komplizenschaft ging, in der der Judenmord einen besonderen Stellenwert einnahm. Ein Autorenkollektiv brachte dies in erstaunlicher Klarheit auf den Punkt, in den *Sozial-revolutionäre[n] Schriften III* der undogmatisch-linksradikalen Linkeck-Reihe: Die judenmordende Gemeinschaft hätte alle Antagonismen, vor allem den Klassenkampf, ausgelöscht sehen wollen und ließ ihn nur in vollkommen verkehrter Form als spektakuläre Inszenierung und Ausdruck des Ressentiments zu. Sei der Antisemitismus des 19. Jahrhunderts eher noch eine Reaktion des Einzelnen gewesen, der im Antisemitismus eine repressive Ventilfunktion fand, so wäre er durch die Nationalsozialisten »zum primären Konstituens ihrer Gesellschaft« erhoben worden, »der in Absehung aller realen sozialen Antagonismen hypostasierten, gleichrassigen Volksgemeinschaft«. Der in die Vernichtungsaktionen involvierte »kleine Mann« war als Massenmörder »stets noch Kleinbürger«, voller Bereitschaft »zum bloßen Funktionieren in einem auf seine Legitimität nicht mehr hinterfragten Betrieb«. Das Massenvernichtungslager Auschwitz war in diesem Sinne auch »mustergültiger Betrieb« und funktionierte, einmal in Gang gesetzt, »mit jener Eigendynamik und Eigengesetzlichkeit verbürokratisierter Betriebe«.

Und auch in dem die Kritische Theorie gegen die K-Gruppen-Arbeitertümelei verteidigenden Vorwort zum dritten Raubdruck von Horkheimers Aufsätzen halten die unbekannten Autorinnen und Autoren gleich zu Beginn fest: »Im KZ gingen die Individuen zu Grabe. Auschwitz wurde zum geschichtlichen Schreckbild einer Zukunft ohne Erinnerung.«

1968 erschien die erste marxistische Strukturanalyse des Nationalsozialismus: *Behemoth* von Franz Neumann, sie wurde aber erst 1977 auf Deutsch übersetzt – zu spät für die 68er. Ebenso wie das Standardwerk zur Vernichtung der europäischen Juden von Raul Hilberg, das erst 1982 in einem trotzkistisch ausgerichteten Verlag erschien. Allerdings waren wichtige revolutionäre Aufsätze von Max Horkheimer aus den 30er und 40er Jahren bekannt, sie waren 1967 in Amsterdam raubgedruckt worden. Ein Frankfurter *Marxismus-Kollektiv* brachte schließlich 1968 den dritten Band des Horkheimer-Raubdrucks heraus, in dem auch die Schriften zum Faschismus enthalten waren. Horkheimer hatte Alfred Schmidt untersagt, diese wichtigen Schriften in eine offizielle Dokumentation, die schließlich 1968 herauskam, aufzunehmen. In seinen Schriften *Die Juden und Europa* und *Der autoritäre Staat* ging das führende Mitglied des Instituts für Sozialforschung von einem länderübergreifenden »Staatskapitalismus« als dem »autoritären Staat der Gegenwart« aus. Horkheimer argumentierte in seinem Essay *Die Juden und Europa* recht vulgärmarxistisch und bezeichnet den Antisemitismus als eine Sündenbockstrategie, die als Instrument des Klassenkampfes eingesetzt werde. In einem rigorosen Ökonomismus, gepaart mit orthodoxleninistischer Krisentheorie, wird der Faschismus als eine neue Ordnung dargestellt, die aufgrund der Liquidierung des Marktes und der Zirkulationssphäre den Krisengrund behoben hätte. Nach Horkheimer beruht die Stabilität des Faschismus auf »der Ausschaltung des ökonomischen Korrektivs«. Die Juden würden nun dieser neuen Ordnung, die den Markt durch Terror und autoritären Staat ersetzen würde, zum Opfer fallen, weil sie Agenten der Zirkulation seien. In Zuspitzung dieser vulgär-ökonomistischen Position zieht Max Horkheimer das angebliche Schwinden der Zirkulationssphäre mit der Diskriminierung der Juden zusammen:

> »Die Sphäre, die für das Schicksal der Juden in doppelter Weise bestimmend war, als der Ort ihres Erwerbs und als das Fundament der bürgerlichen Demokratie: die Sphäre der Zirkulation verliert ihre ökonomische Bedeutung. Die berühmte Macht des Geldes ist im Verschwinden begriffen. (...) Mit der zunehmenden Ausschaltung des Marktes fällt auch die Rolle des Geldes als des Materials weg, in dem die Deklaration sich vollzog. (...) Die Juden sind als Agenten der Zirkulation entmachtet, weil die moderne Struktur der Wirtschaft die ganze Sphäre weithin außer Kurs setzt. Sie werden als erste Opfer vom Diktat der Herrschenden getroffen, das die ausgefallene Funktion übernimmt. Die staatliche Manipulation des Geldes, die ohnehin den Raub als notwendige Folge hat, schlägt in die brutale Manipulation seiner Repräsentanten um.«

Gegen Horkheimers Interpretation wendet sich Franz Neumanns Begriff des totalitären Monopolkapitalismus als von Widersprüchen gekennzeichnetes Ensemble von monopolistischer Konkurrenz und Kontrolle, zeigt er doch, dass wesentliche Momente kapitalistischer Ökonomie, auch klassische Zirkulationsphänomene, keineswegs aufgehoben wurden und der Nationalsozialismus keineswegs eine krisenfreie »neue Ordnung« darstellte.

Während Franz Neumann die verschiedenen Machtzentren des Dritten Reiches darstellte, die teilweise in chaotischem Kompetenzgerangel mehr gegeneinander arbeiteten, als gemeinsam an einem Strang zogen, machte ein mit dem Frankfurter Institut verbundener Autor auf die unterschiedlichen Strategien deutscher Einzelkapitalkonglomerate aufmerksam. Alfred Sohn-Rethel, der ab 1936 Kontakt zum Institut aufnehmen wollte, war ein orthodoxer Marxist, der im Herzen einer pro-nationalsozialistischen Wirtschaftsstiftung einen Job hatte. Sohn-Rethel arbeitete als Mitarbeiter und Assistent im *Mitteleuropäischen Wirtschaftstag* in Berlin. Damit hatte er Einblick in die *Deutschen Führerbriefe*, ein Heft unter Federführung des späteren Reichstagspräsidenten und Reichwirtschaftsministers Hjalmar Schacht. Nach Sohn-Rethel waren es die defizitären Kapitalfraktionen – hauptsächlich – der Stahlindustrie, die auf Protektionismus, Krieg und Führer setzten. Die 68er-Theoretiker Johannes Agnoli, Bernhard Blanke und Niels Kadritzke urteilten, dass mit Sohn-Rethels Untersuchung nun endlich eine Schrift vorliegen würde, die die faschistische Krisenlösung nach dem Zusammenbruch des Weltmarktes darlegte: eine imperialistische Expansion im Dienst der Markterweiterung des deutschen Kapitals in Richtung Südosteuropa auf der einen Seite. Und auf der anderen Seite die terroristische Disziplinierung der Arbeiterschaft und das De-facto-Einfrieren der Lohnkosten im Dienste des Kapitals. Sohn-Rethel wurde ausführlich diskutiert und fand auch künstlerische Umsetzung. So in einem Film des 68ers Harun Farocki, der Ende der 60er Jahre politische Agitationsfilme gegen den Vietnamkrieg drehte. 1978 stellte er nach mehreren Jahren Arbeit den Schwarz-Weiss-Essay-Film *Zwischen zwei Kriegen* fertig. Darin orientierte sich der ehemalige Student der deutschen Film- und Fernsehakademie Berlin an Sohn-Rethels Darlegungen über den Zusammenhang von technischen Rationalisierungsprozessen im Eisenverhüttungsprozess, Überakkumulation und Krieg. Die Produktivkraftentwicklung führte innerhalb des kapitalistischen Rahmens zu einer Überakkumulationskrise. »Der geplanten, höher organisierten Produktion mußte eine geplante, höher organisierte Absatzregelung folgen. Es kam Hitlers blutige Vergesellschaftung. Da man etwas produzierte, was die Märkte nicht verstopfte, freimachte und sich bestenfalls ins Nichts auflöste: Kriegsgüter«, erklärte Farocki. »Ich rekonstruiere die Gedanken, die sich fortschreitende und stillstehende Industrie, organisierte und vereinzelte Arbeiterschaft zu dieser Frage machen. Die Rationalisierungsidee wird schließlich verwirklicht und scheitert; die treibt deutsche Schwerindustrielle in das Hitlerlager. Ich untersuche die ökonomischen Ursachen des Faschismus exzessiv, um auch die Grenzen dieser Untersuchungsmethode zu finden«, so der Filmemacher in den 70er Jahren über seinen noch heute empfehlenswerten Film.[10]

---

10 Vgl.: Max Horkheimer, Kritische Theorie der Gesellschaft Bd. III, Frankfurt am Main 1968; Alfred Sohn-Rethel, Ökonomie und Klassenstruktur. Vorwort von Johannes Agnoli, Berhard Blanke, Niels Kadritzke, Frankfurt am Main 1973; Franz Neumann, Behemoth. Struktur und Praxis des Nationalsozialismus 1933-1944, Köln/Frankfurt am Main 1977; Harun Farocki, Zwischen zwei Kriegen (1978)

Der Antistalinismus der 68er

Im August 1968 kamen die sowjetischen Panzer nicht als Befreier vom Faschismus nach Prag, sondern zur Unterbindung einer von der Kommunistischen Partei ausgehenden Reformpolitik. Was hielt die Außerparlamentarische Opposition Westdeutschlands von dem Niederkartätschen des proklamierten »Sozialismus mit menschlichem Antlitz«? Die Ideen des Reform-Wirtschaftswissenschaftlers Ota Sik waren bekannt, auf Deutsch lag ab 1967 sein Buch *Plan und Markt im Sozialismus* vor. Der Frankfurter SDS konnte sich keinesfalls vollständig einverstanden erklären mit dem KP-Reformflügel. Er kritisierte, dass die von Sik propagierte Steigerung der Arbeitsproduktivität die oberste wirtschaftspolitische Zielvorstellung der Reformer darstelle. Diese planten eine »Hierarchie differentieller Einkommen« und die Steigerung »individueller Leistungstüchtigkeit«, also keinesfalls Dinge, die die Aktivisten der egalitären 68er-Revolte gutheißen konnten. Sik beerbe die stalinistische Vorstellung von einer »Anwendung des Wertgesetzes«, wobei er die von Marx aufgestellte Lehre, wonach Ware und Geld absterben müssten, als »Hardlinerpositionen« verabschiedet sehen wollte, um marktwirtschaftliche Momente – besonders bei der Preisbildung – einzuführen. Zu befürchten war, dass ein bisschen mehr Markt und nicht die Phantasie in Prag an die Macht sollte.

Anfang April 1968 war Rudi Dutschke nach Prag gereist und trat im Audimax der Karlsuniversität auf. Dort sprach er sich vehement gegen eine Einführung marktwirtschaftlicher

Momente aus und drängte darauf, die sozialistischen Errungenschaften in Form einer Stärkung der Arbeitermitbestimmung auszuweiten. Die Resonanz blieb verhalten.

Für die sich vor allem am frühen Marx orientierende Neue Linke waren die Reformen in der CSSR keine Alternative zum Stalinismus als System. 1964 kam auf Deutsch die Schrift *Die Gesellschaftslehre des sowjetischen Marxismus* von Herbert Marcuse heraus. Marcuse zeichnet darin kritisch die spezifische sowjetische »Rationalität« nach. Diese instrumentelle Vernunft hatte sich von Marx' Entfremdungskritik verabschiedet. Marcuse spricht von der »Absurdität« des Sowjetmarxismus und vom Umschlagen der Produktivkraftentwicklung in »Instrumente produktiver Unterdrückung«. Die im Stalinismus gepflegte »etatistische Diktatur über das Proletariat«, so analysierte der Frankfurter SDS daran anschließend, solle nun in der CSSR mittels sogenannter Reformen modernisiert werden.[11] Der verstaatlichten Produktion wollten Dubček und Co. einen liberalen und demokratischen Überbau überstülpen, womit weder die Produktion vergesellschaftet, noch eine wahre Demokratie als Produzentendemokratie aufgebaut werde. Die »ökonomische Entstalinisierung«, urteilte der SDS-Sprecher Hans-Jürgen Krahl, solle sich auf dem Rücken der Arbeiterklasse vollziehen. Von einer realen Stärkung der Arbeitermitbestimmung, gar einer Rätedemokratie, würden die Reformer wenig wissen wollen.

---

11 Vgl.: Herbert Marcuse, Die Gesellschaftslehre des sowjetischen Marxismus. Übers. von Alfred Schmidt, Neuwied/Berlin 1964; Rainer Deppe, Brigitte Heinrich, Michael Bärmann, Die Tschechoslowakei von 1945-1968: zwischen Kapitalismus und Revolution (mit einem Aufsatz von Ota Sik und einer Einleitung von Hans-Jürgen Krahl), Berlin 1968; alternative. Zeitschrift für Literatur und Diskussion, Juni 1965 Nr. 42/43 mit Beilage: Die Prager Kafka Konferenz, Berlin 1965

Bei aller Skepsis gegenüber den Modernisierern innerhalb der Kommunistischen Partei der Tschechoslowakei verteidigten die SDS-Sprecher die Revolte der Intellektuellen, Studenten und Arbeiter gegen die Intervention der Sowjetunion. In einem Extrablatt der Frankfurter Studentenzeitung *Diskus* fragte Helmut Dahmer nach den Parallelen zu Ungarn 1956. Damals hatten sich Räte gebildet, die Arbeiter bewaffnet, die repressiven Sicherheitsorgane aufgelöst, die Leute im Sinne von Karl Korsch für eine industrielle Autonomie stark gemacht und für die Begrenzung der Funktionärseinkünfte ausgesprochen. Ab Mai 1968 gründeten sich in der Tschechoslowakei auch Arbeiterräte. Während die »Reformer« Arbeitermitbestimmung gesetzlich auf Beratungsfunktionen zu beschränken versuchten, gingen die in über hundert Großbetrieben gebildeten Räte, die etwa 900.000 Arbeiter vertraten, weit darüber hinaus. Krahl machte auf eine Prager Wandparole in den ersten Okkupationstagen aufmerksam: »Lenin erwache, Breschnew ist verrückt geworden!« Wer »Konterrevolution« plärre, läge, folgt man den SDS-Theoretikern, vollkommen falsch. Nicht die Revolte in der CSSR, sondern die Intervention der Sowjetunion sei ein konterrevolutionärer Akt. Der große sozialistische Bruder habe lediglich die staatlich gefesselten ökonomischen Produktionsverhältnisse konservieren und das imperialistisch zu nennende Abhängigkeitsverhältnis der sozialistischen Satellitenstaaten zur Sowjetunion weiter zementieren wollen. Vor diesem Hintergrund sei der tschechoslowakische Nationalismus als »kompromissloses Nationalbewusstsein« eines nach Selbstständigkeit strebenden revolutionären Bürgertums zu betrachten, meinte Krahl. Dieses Nationalbewusstsein sei zwar nicht revolutionär, aber keinesfalls konterrevolutionär, sondern viel eher fortschrittlich. Der Frankfurter SDS-Aktivist Michael Bärmann resümierte: »Gegenüber dem erstarrten Bewusstsein; gegenüber dem inzwischen sich imperialistisch gebärdenden Herrschaftsanspruch der Sowjet-Bürokratie repräsentiert die technokratische Reformergruppe um Dubček und Sik den Fortschritt.«Krahl wollte vor allem in der neuen Literatur, in Kunst und Philosophie Befreiungsmomente gegen den erstarrten Bürokratismus sehen. Die Konferenz im Mai 1963 im tschechischen Liblice anlässlich des 80. Geburtstages von Franz Kafka habe subversive Wirkung entfaltet. Keiner habe den Irrsinn bürokratischer Verkrustungen so prägnant dargestellt wie der in Prag beheimatete Literat, dessen Wiederentdeckung zur Delegitimation des Stalinismus entscheidend beigetragen habe. Eine wirklich revolutionäre Entwicklung würde sich aber erst eröffnen, wenn gegen die starre Politik Moskaus und die technokratische Elite durch eine rätesozialistische Bewegung opponiert würde. Eine solche gab es jedoch nur in aller Randständigkeit in der CSSR, sie landete noch dazu schnell für Jahre hinter Gittern.

Zur Beurteilung der Sowjetunion hatte jeder 68er die passende Lektüre parat: ein Trotzkist konnte auf seinen Leo zurückgreifen, einer der wenigen Revolutionäre, der eine Revolution machte und auch noch als Historiker darüber schrieb. Anarchisten konnten mit Peter Arschinoffs Beschreibung der ukrainisch-anarchistischen Machno-Bewegung, die gegen die weißen Konterrevolutionäre kämpfte, um von den roten Bolschewiki zerschlagen und blutig verfolgt zu werden, eine erste Fundamentalkritik am Bolschewismus in den Händen halten. Erstmalig 1923 auf Deutsch übersetzt und von der *Union anarchistischer Vereine* veröffentlicht, wurde diese Schrift 1969 wieder herausgekramt, um in Berlin-Wilmersdorf als elfte Schrift in der *Bibliothek der Rätekommunisten* nachgedruckt zu werden. In den 70er

Jahren lagen schließlich fast alle wichtigen Schriften einer revolutionären und von links kommenden Kritik an der Politik der Bolschewiki vor. So beispielsweise die bittere und kluge Bilanz über das Verhältnis von staatlichem Terror und sozialrevolutionärer Gewalt im russischen Revolutionsprozess, die der erste Justizminister des revolutionären Russland, der linke Sozialrevolutionär Isaak Steinberg, unter dem Titel *Gewalt und Terror in der Russischen Revolution. Das Schicksal der Erniedrigten und Beleidigten in der russischen Revolution* veröffentlicht hatte.

Als Solschenizyns Werk *Archipel Gulag* auf Deutsch veröffentlicht wurde und in literarischer Form auf die Verbannungslager hinwies, sollte dieses Werk bei der Neuen Linken keinen Schock auslösen. Denn zum einen war nichts neu und zum anderen die Perspektive Solschenizyns alles andere als emanzipatorisch. Warum sollte man einen erklärtermaßen reaktionären, religiösen, monarchistisch und militaristisch gestimmten Autoren zur Kenntnis nehmen? Die Neue Linke nahm ihn aber zur Kenntnis, allerdings jenseits und diesseits des Rheins in ganz anderer Form.

Anfang Januar 1974 ist dieses Stück Lagerliteratur über die Stalin- und Chruschtschow-Zeit in Paris und daraufhin schnell in vielen anderen westlichen Ländern veröffentlicht worden. In Frankreich bekam der Aktivist der linksradikalen Gruppe *Gauche Prolétarienne*, André Glucksmann, das Buch in die Finger. Im und nach dem Mai 68 propagierte dieser Maoist eine Art klassenkämpferische Volksfrontpolitik von unten, um den aktuellen »Faschismus in den Fabriken« zu bekämpfen. Die Sowjetunion wurde von den maoistischen Kämpfern als zahm-revisionistische Macht, zuweilen als sozialimperialistische, wenn nicht gar sozial-faschistische gezeichnet. Nicht Breschnew, sondern Mao sollte als großer Steuermann des weltrevolutionären Prozesses Pate stehen. Doch die Lektüre des *Archipel Gulag* radikalisierte Glucksmanns Denken zu einem antimarxistischen Antikapitalismus. Mit seiner Veröffentlichung *Köchin und Menschenfresser* von 1974 nahm Glucksmann noch geläufige Theorien der radikalen und libertären Linken über die Sowjetunion auf, in der Absicht, sich zu einem Sprecher der vom »totalitären« System Ausgeschlossenen zu machen. Mitte der 70er Jahre wandelte sich Glucksmann zum militanten Antikommunisten. Weil Hegel und Marx die Gesellschaft als Ganzes, als Totalität begriffen hätten, sei ihr Denken totalitär und als philosophische Vorbereitung des sowjetischen Lagersystems anzusehen, so die kurz zusammengefasste Hauptthese Glucksmanns. *Neue Philosophie* nannte sich diese Wandlung von Linksradikalen zu radikalen Kritikern der Linken, ein Titel, unter dem der Ex-Maoist und Sartre-Schüler Bernhard-Henri Lévy eine Sammlung von Essays veröffentlichte. Die Originalität von Glucksmann und seinen Mitstreitern bestand nicht darin, in Form der Renegaten-Literatur Thesen der politischen Rechten zu formulieren, sondern in der öffentlichkeitswirksamen Nutzung der Medien, die ihnen das mit Stolz getragene Etikett der »Medien-Intellektuellen« eintrug. Im Zentrum ihrer politischen und intellektuellen Aktivitäten stand nunmehr das Engagement für Menschenrechte, eine Politik, die konform ging mit der selektiven, antikommunistischen Menschenrechtspolitik der USA unter der Carter- und Reagan-Administration im Kalten Krieg. Berühmt wurden die Bilder der vietnamesischen *boat people*, die nach dem Sieg der Vietcong aus Vietnam flüchteten. Nach dem Kalten Krieg wurde Glucksmann leidenschaftlicher Kämpfer gegen die Tschetschenien-Politik Russlands. Auch der Kosovokrieg der NATO 1999 fand bei Glucksmann begeisterte Unterstützung, wie auch sämtliche weiteren humanitär begründeten »Interventionen«.

Auf der anderen Seite des Rheins sah es anders aus. Antikommunismus wurde nicht als »dissidentes Verhalten« ausgegeben, sondern als Leitideologie der Bundesrepublik bekämpft. Solschenizyn konnte von der Neuen Linken nicht für sakrosankt erklärt werden. Rudi Dutschke und andere veröffentlichten 1975 einen Sammelband unter dem Titel *Die Sowjetunion, Solschenizyn und die westliche Linke*. Darin wurde zwar festgehalten, dass der »religiös-moralisierende Kritiker Solschenizyn mit seinem Werk einen wichtigen Beitrag zur tendenziellen Entstalinisierung der sowjetischen Gesellschaft geleistet« habe. Dennoch wurde darauf hingewiesen, dass in der Bundesrepublik Deutschland Solschenizyn »vorzugsweise von denen ausgeschlachtet« werde, die über das sowjetische Straflager Workuta gerne Auschwitz und über die sowjetische Geheimpolizei GPU die Gestapo vergessen wollen. Ernest Mandel stellte heraus, dass der reaktionäre Ideologe Solschenizyn nicht in der Lage sei, den politischen Kern des Archipel Gulag zu analysieren:

> »Ein Regime, das weder auf die politische Unterstützung der breiten Massen noch auf die Erfüllung ihrer materiellen Bedürfnisse fundiert, muß zwangsläufig den Terror zur wichtigsten politischen Einrichtung des Staates erheben.«

Die These, dass der institutionelle Terror mit dem Sieg der Oktoberrevolution begann, weist Mandel scharf zurück. Klug und von einiger Voraussicht war auch Mandels Kritik an Solschenizyns umfassendem Erklärungsmodell, wonach hinter Terror immer »ideologischer Fanatismus« stehe. Diese Überallgemeinheit erklärt nichts. In verräterischer Weise blende Solschenizyn zwei Ideologien systematisch aus: den

religiösen Fanatismus und die Ideologie des Nationalismus –
zwei Dinge, denen der religiöse Chauvinist Solschenizyn bis
zu seinem Tod im August 2008 selbst anhing.[12]

12 Vgl. u.a.: Rudi Dutschke und Manfred Wilke: Die Sowjetunion,
    Solschenizyn und die westliche Linke, Berlin 1975 (darin be-
    sonders der Aufsatz von Ernest Mandel); André Glucksmann,
    Köchin und Menschenfresser. Über die Beziehung zwischen Staat,
    Marxismus und Konzentrationslager, Berlin 1976

Klassenkampf und Aktivismus mit Karl Korsch

Karl Korschs ursprünglich 1923 veröffentlichtes Buch *Marxismus und Philosophie* wurde 1966 neu herausgebracht. Sein erster Herausgeber in der Bundesrepublik war Erich Gerlach, ein klassischer Linker in der SPD, im strengen Sinn kein 68er. Später trat Jürgen Seifert als Herausgeber auf, auch er ein Linkssozialdemokrat, der von seiner Partei ausgeschlossen werden sollte, Mitglied des SDS und früher Carl-Schmitt-Kenner. Schließlich wäre noch Michael Buckmiller zu nennen, seit 1978 bringt er im Auftrag des Internationalen Instituts für Sozialgeschichte (IISG) in Amsterdam und des Instituts für Politische Wissenschaft der Universität Hannover die Korsch-Gesamtausgabe heraus.

Doch die meisten Linken lernten Karl Korsch (1886–1961) in den Zeitschriften *Politikon* aus Göttingen und der Berliner Zeitschrift für Literatur und Diskussion *Alternative* kennen. Letztere widmete sich bereits im April 1965 dem Verhältnis Bertolt Brechts zu seinem marxistischen Lehrer Korsch. In der von Claudio Pozzoli herausgegebenen Jahrbuch-Reihe *Arbeiterbewegung. Theorie und Praxis* erfuhr Korsch schließlich eine Renaissance als wichtiger marxistischer Theoretiker. Die erste Ausgabe von 1973 mit Beiträgen von Michael Buckmiller, Oskar Negt und Paul Mattick widmete sich im Schwerpunkt ausschließlich verschiedenen Aspekten des Korsch'schen Denkens. Mit Korsch als Marxist ließen sich alle dogmatisierten Bestandteile des Marxismus als Ideologie kritisieren, ohne sich als Libertärer definieren zu müssen. Schließlich hatte Korsch Ende der 50er mit der Geschichtsphilosophie, dem Automatismus, dem Szientismus und der Diffamierung anderer sozialistischer Strömungen und Revolutionsversuche durch den ewige Wahrheiten verkündenden Weltanschauungsmarxismus gebrochen.

Durch die Nach-68er-Rezeption wurde Korsch dann in die Ahnenreihe des »westlichen Marxismus« gehievt. Neben dem Werk *Geschichte und Klassenbewußtsein* von Georg Lukács von 1923 wurde *Marxismus und Philosophie* als philosophisch tiefschürfende Arbeit zur Überwindung der Krise des verknöcherten Marxismus gelesen. Während Lukács sich in der sowjetischen Emigration nach 1933 ausschließlich im Rahmen des vom Stalinismus Erlaubten bewegte, ging Korsch einen anderen Weg. Parteigänger der Sowjetunion war Korsch seit den späten 20er Jahren nicht mehr. Er betrachtete die ganze Arbeiterklasse als seine Partei und nahm Marx so ernst, dass er ihn auch kritisieren konnte. Er unterhielt Briefkontakte mit führenden Rätekommunisten und den berühmt-berüchtigten Renegaten des Stalinismus, wie der ehemaligen KPD-Ultralinken Ruth Fischer.

1926 war Korsch aus der KPD ausgeschlossen worden. Der internationalistische Revolutionär sah keinen Sinn in dem von Stalin angeleiteten Aufbau eines »Sozialismus in einem Land«. Er kritisierte die illusionäre Sozialfaschismus-These, wonach die Sozialdemokraten die schlimmeren Feinde als die Nazis seien. 1933 hielt die KPD Hitler für eine vorübergehende Erscheinung. »Die Kommunisten sagten einen schnellen Zusammenbruch der neuen konterrevolutionären Regierung voraus, der zu einer proletarischen Revolution führen werde, und begrüßten so ihre eigene Niederlage, sowie außerdem die dauernde Niederlage aller fortschrittlichen Tendenzen in Deutschland und in ganz Europa als einen ›Sieg des Kommunismus‹«, schrieb Korsch in *Staat und Konterrevolution* von 1939. Im Gegensatz zu einigen kommunistischen Faschismusanalysen unterschied er zwischen faschistischen, konservativen und reaktionären Kräften. Für ihn war der Faschismus eine »Kraft neuer Qualität«, die er unter dem Oberbegriff der Konterrevolution fasste. Wie der Mitbegründer der kommunistischen Partei Italiens, Ignazio Silone, sieht er im Faschismus eine Gegenrevolution zur Revolution, die niemals stattgefunden hat, als auch eine Konterrevolution gegen eine mögliche neue Revolution. Immer wieder ließ er anklingen, dass mit der Niederlage der deutschen Arbeiterräte 1918 der Aufstieg Hitlers schon besiegelt gewesen sei.

Besonders wichtig wurde Korsch für die Begründung einer Politik des Aktivismus, die jenseits objektiver Gesetzmäßigkeiten verläuft. Bekannt waren seine Statements zur marxistischen Debatte rund um die Weltwirtschaftskrise 1929. Vor allem an Henryk Grossmanns logischer und mathematischer Begründung eines automatischen Zusammenbruchs des Kapitalismus stieß er sich gewaltig. Ein revolutionärer Standpunkt zur Frage des Zusammenbruchs des Kapitalismus könne sich niemals auf automatische und objektive Prozesse beziehen. Nur die revolutionäre Aktion des Proletariats allein könne dem Kapitalismus den Garaus machen.

Als Korsch in den sechziger Jahren im SDS diskutiert wurde, war man mit keiner fundamentalen Krisentendenz des Kapitalismus konfrontiert. Der planende, keynesianische Wohlfahrtsstaat schien alles fest im Griff zu haben. Umso wichtiger erachtete die APO-Bewegung den subjektiven Faktor. Dutschke stand in der Tradition von Korsch, wenn er Jürgen Habermas erklärte, dass »die objektiven Bedingungen für die Umsetzung emanzipatorischer Theorie in der Praxis« mehr und mehr gegeben seien und dass sich damit auch das »traditionelle Theorie-Praxis-Verhältnis« im klassischen Marxismus verändere:

> »Alles hängt vom bewußten Willen der Menschen ab, ihre schon immer von ihnen gemachte Geschichte endlich bewußt zu machen, sie zu kontrollieren, sie sich zu unterwerfen, das heißt, Professor Habermas, Ihr bewußtloser Objektivismus erschlägt das zu emanzipierende Subjekt.«

Der Professor antwortete mit seinem bekannten Linksfaschismus-Vorwurf. Dabei erging sich Habermas in befriedigter Resignation, konstatierte die Stabilität der herrschenden Verhältnisse, die ihm nicht bedroht schienen. Aber wer, so antwortete die studentische Linke, sei dieser »Oberaugur«, der da »über den Kampf gegen Unerträgliches« entscheiden darf? Und Oskar Negt formulierte, dass der Vorwurf des Linksfaschismus Ausdruck einer Zerfallsstufe des bürgerlich-liberalen Bewusstseins sei, das von der fühlbaren Brüchigkeit der Institutionen und Regeln betroffen ist und doch in den sozialistischen Alternativen nur das Ende aller Sicherheit und Freiheit zu entdecken vermag. Der »Linksfaschismus« stelle die »Projektion der systemimmanenten Faschisierungstendenzen auf leicht diskriminierbare Randgruppen« dar.[13]

---

13 Karl Korsch, Marxismus und Philosophie (Hrsg. von Erich Gerlach), Frankfurt am Main 1966; ders., Karl Marx (Hrsg. von Götz Langkau), Frankfurt am Main 1967; Jürgen Habermas, Protestbewegung und Hochschulreform, Frankfurt am Main 1969; Oskar Negt und Wolfgang Abendroth (Hrsg.), Die Linke antwortet Jürgen Habermas. Frankfurt am Main, 1969; Frank Wolff und Eberhard Windaus (Hg.) Studentenbewegung 1967-69. Protokolle und Materialien, Frankfurt am Main 1977

Johannes Agnolis
Parlamentarismuskritik

Der Essay *Die Transformation der Demokratie* des aus Italien
kommenden Politikwissenschaftlers Johannes Agnoli spielte
in der Radikalisierung der Studentenbewegung und der
Außerparlamentarischen Opposition in der Bundesrepublik
nach 1968 eine zentrale Rolle. Agnoli zeigt darin auf, wie das
parlamentarische System in konkreten historischen Situationen zu Mitteln der autoritären Bewältigung des sozialen
Konflikts greift. Diesen Prozess nennt Agnoli »Involution«.
In seiner Schrift, die erstmalig 1967 im Berliner Voltaire
Verlag zusammen mit Peter Brückners Essay *Die Transformation des demokratischen Bewußtseins* erschien, weitete er die
antiautoritäre Kritik auf den liberalen Verfassungsstaat aus.

Agnoli lehrte seit 1964 am Otto-Suhr-Institut der Freien
Universität Berlin und orientierte sich in seiner Parlamen-
tarismuskritik an Marx und frühere sozialistische, beispielsweise syndikalistische Demokratievorstellungen. In einem
Artikel des *Spiegel* aus dem Jahre 1970 wird über Agnoli
kolportiert:

> »Marxisten wie der aus den italienischen Dolomiten zugewanderte
> Assistent Johannes Agnoli, 45, halten Vorlesungen, ›um Studenten
> auf Prüfungen vorzubereiten‹; ›um zu zeigen, wie man proletarisch
> die Theorie verwendet‹; um ›Studenten, die noch keine Genossen
> sind, sich sozusagen im Urzustand befinden, zu Genossen zu ma-
> chen‹.«

Vor allem machte Agnoli, der mit 17 selbst glühender Faschist
war und sich sogar nach dem Abitur freiwillig zur Waffen-SS

meldete, die jungen Studenten mit Analysen des Faschismus vertraut, wobei er die funktionale Ähnlichkeit »zwischen dem repressiven Charakter des liberalen und neoliberalen und den terroristischen Methoden des faschistischen Staates« betonte, wie in seinen Aufsätzen »Zur Faschismusdiskussion«, die zuerst 1968 in der *Berliner Zeitschrift für Politologie* publiziert wurde. Darin hält er an einem allgemeinen, keineswegs bloß auf Italien bezogenen Faschismusbegriff fest und verwirft das konkurrierende Totalitarismusmodell. Die Gefahr komme aus der Mitte der Gesellschaft und von oben, vom bürgerlichen Staat, der durchaus auch »faschistische Modelle« übernehmen kann, »um den politischen Folgen einer wirtschaftlichen Krise präventiv zu begegnen«. Vulgär war dies nicht gemeint, so kritisierte Agnoli die 68 verbreitete Formel »Kapitalismus führt zum Faschismus«, weil damit aus einem »dialektischen Vorgang« ein »unverständlicher und unbegründbarer Willensakt« gemacht werde. Agnoli definiert das Strukturprinzip unterschiedlich ausgeformter kapitalistischer Staaten, seien sie rechtsstaatlich verfasst oder nicht, über den Begriff des Antagonismus. Um diesen zu moderieren und die Marktwirtschaft aufrechtzuerhalten, muss der Staat stets eine politische Beteiligung der Massen ausschließen.

> »Der Staat der bürgerlichen Gesellschaft (...) kann nie bestehen in der Beteiligung der Massen an der öffentlichen Ausübung von Herrschaft und ihrem zunehmenden Genuß der Freiheit, d. i. im allmählichen Abbau von Herrschaft.«

Auch die Ausweitung des Wahlrechts garantiere keine fundamentale gesellschaftliche Veränderung. Sollte sich das allgemeine Wahlrecht historisch als Eigenschaft des bürgerlichen Staates durchsetzen, so zeige dies lediglich »seine relative, auf besondere Bedingungen zurückführbare Belanglosigkeit«. Denn dergestalt ist das allgemeine Wahlrecht Zeichen für eine umfassende Integrationsfähigkeit des ganzen Systems. Zur Aufrechterhaltung der auf Eigentum und Ausbeutung begründeten Gesellschaft benötige es nur in besonderen historischen Phasen Gewalt und Terror:

> »Das Kapital braucht nicht immer den Faschismus. Aber der Zusammenhang zwischen dem repressiven Charakter des liberalen und neoliberalen Staates und den terroristischen Methoden des faschistischen Staates darf nicht übersehen werden. Der liberale Staat beruht auf dem Gleichgewicht von Gewalt und Konsens (...) Wenn die Massen die Freiheit nicht wollen, braucht die Gewalt nicht angewandt zu werden. Aber sie bleibt aktuell.«

Agnolis Interesse zielte auf die Etablierung einer Opposition, die den Antagonismus wieder ins Gedächtnis ruft und die Integrationsmöglichkeiten des Staates subversiv unterläuft und blockiert. Schließlich verdeckt der Staat den Antagonismus und verpflichtet die ihm unterworfenen Subalternen zu Staatsbürgerbewusstsein, das das Klassenbewusstsein ersetzt. Agnoli warnte früh vor einer »Parlamentarisierung der Linken«, denn nur Fundamentalopposition sei daran interessiert, politische und gesellschaftliche Missstände schonungslos aufzudecken. In der Regierungsopposition und auf Wahlverfahren verwiesen bewege sich eine Opposition bereits innerhalb der »Spielregeln eines oligarchischen Reigens«, womit ihnen die Zustimmung der Herrschenden gewiss sei. Ein von unten kommender gemeinsamer Wille und »consensus« zur Revolution durch die Massen müsse sich so einem konservativen und allgemeinen »consensus« beugen. Die verfahrenstechnischen Spielregeln der repräsentativen Demokratie, die Vorherrschaft ihres liberalen Freiheitsbegriffs, der immer das Eigentum der wenigen schützt, sowie die Dominanz der nationalen Interessen – dies alles »hebt die Offenheit der Gesellschaft wieder auf und kriminalisiert die mögliche Zustimmung der Massen zu einer konkreten Emanzipation, zu einer Ausweitung der Demokratie, zu einer Veränderung auch der Wertmaßstäbe und macht daraus einen Anschlag gegen Demokratie und Freiheit.« Und gegen Ende der Streitschrift *Die Transformation der Demokratie* schreibt Agnoli: »Erst die Unkontrollierbarkeit des Bruchs und des Protests könnte eine Bresche in die Geschlossenheit des consensus schlagen.«

Die Unterstellung des sozialdemokratischen Historikers Heinrich August Winkler aus den siebziger Jahren, Agnoli spreche einer dem Faschismus ähnlichen Gewalt das Wort, trifft nicht zu, schließlich betonte Agnoli, er wolle einen Beitrag liefern, um »die friedliche Transformationstendenz zur modernisierten Unterordnung hin zu unterbrechen und einen friedlichen Revolutionsprozeß einzuleiten«. Auch betonte Agnoli in der Tradition von Kant, dass mit der Festigung des internationalen Friedens die Chance auf konkrete Befreiung wachse. Vor dem Hintergrund der rechtlich wie gewaltförmig abgesicherten Ausbeutungsordnung müsse aber klar sein, dass weder »Brot und Spiele noch Wahlzettel, sondern die Gewalt im Laufe der bisherigen Geschichte soziale Kräfte der Manipulation entzogen und Freiheit verwirklicht« haben.[14]

Nicht nur Brot, Spiele und Wahlzettel kritisierte Agnoli, sondern er konstatierte im Kern die Ausweitung des Sozialdemokratismus in allen Sektoren der Gesellschaft als präventive Konterrevolution und Versuch, den sozialen Antagonismus abzumindern, um alles in handhabbare kanalisierbare Interessen(politik) zu verwandeln. Ist damit in Zeiten des den Sozialstaat rückbauenden neoliberalen Überwachungsstaats Agnolis Theorie anachronistisch geworden? Schließlich trat ab den späten 70ern der Kapitalismus in

---

14 Vgl.: Johannes Agnoli (mit Peter Brückner), Die Transformation der Demokratie, Berlin 1967, Heinrich August Winkler, Revolution, Staat, Faschismus, Göttingen 1978

eine andere Phase ein und zog mittels Privatisierung die unproduktiven Kosten ab. Agnoli hat seine Theorie selbst als historisch begreifen können. So fragt er 1986 in seinen Nachbetrachtungen »Zwanzig Jahre danach«: »Was hat sich geändert, daß die ganze Theorie der *Transformation der Demokratie* als obsolet zu betrachten wäre?«, und geht von einer »Tendenzwende« aus:

> »›Weniger Staat, mehr Markt‹ – es klingt beinah wie die Erfüllung eines anarchistischen Blütentraums. Es bedeutet in Wirklichkeit genau das Gegenteil. Offensichtlich hatte sich der sozial genannte Staat, wenn auch nur geringfügig, von seinem Zweck entfernt, Garant der Reproduktion einer kapitalistisch produzierenden Gesellschaft zu sein. Das heißt: Von Entfernung kann gar keine Rede sein. Er hatte in löblicher Weise versucht ... die in den 60er Jahren in ganz (West-) Europa aus den Fugen geratene Gesellschaft durch eine Erhöhung der Integrationskosten (Lohnpolitik, Bildungsurlaub, Stipendienvergabe, Betriebsverfassung) wieder fügsam zu machen – ökonomisch unvermeidlicherweise auf Kosten der Akkumulationsrate und der unternehmerischen Verfügungsgewalt ...«

Und mit »mehr Markt« besinne sich nun die politische Klasse auf das eigene Geschäft, »für die Identität von bonum comune und Gewinnspanne zuständig zu sein und nicht für die Identifikation des bonum comune mit der salus populi«. Doch die Lohnabhängigen Westeuropas hatten sich – vermittelt über ihre Gewerkschaften und sozialdemokratischen Parteien – am Gemeinwohl und nationalen Interesse orientiert. Zu einer autonomen Klassenaktion, die Agnoli sich herbeiwünschte, reichte es nur in Ausnahmesituationen.

Walter Benjamin als Alternative

Viele Theoretiker der Kritischen Theorie oder des Rätekommunismus, die 1968 wiederentdeckt wurden, waren sehr stark vom Anarchismus ihrer Zeit inspiriert. Zu nennen wäre hier Walter Benjamin, dessen revolutionär-messianisches Denken eine Wahlverwandtschaft zu libertären Vorstellungen aufweist. Aber auch der ansonsten Marx in Vorstellungen eines historischen Determinismus überbietende Rätekommunist Otto Rühle zeigt sich in pädagogischer Hinsicht erstaunlich flexibel. Seine beiden frühen pädagogischen Schriften *Das proletarische Kind* von 1922 und *Die Seele des proletarischen Kindes* von 1925 wurden in den 60ern wieder gesichtet. Rühle arbeitete hier empirisch und in Anknüpfung an Alfred Adlers Individualpsychologie heraus, wie sich das proletarische Kind aus einer doppelten Minderwertigkeit befreien könne. Ein doppelter Zwang zur Selbstbehauptung erfolge gegen die Übermacht der Eltern und gegen das gesellschaftliche Stigma, Proletarier zu sein. Die APO-Diskussionen über Heimkinder und proletarische Kinder und Jugendliche als Teil eines revoltierenden Randgruppenmilieus waren von solchen Überlegungen geprägt. Auch die Kinderladenbewegung rezipierte diese Theorien. So brachte der Zentralrat der Sozialistischen Kinderläden Westberlin im Jahre 1969 ein Buch zu antiautoritärer Erziehung und zu kommunistischer Pädagogik heraus. In diesem waren zentrale Texte zu Erziehung und der Rolle von Spielzeug und Theaterspiel von Walter Benjamin und Otto Rühle gesammelt: »*Eine kommunistische Pädagogik. Spielzeug und*

Spielen. Programm eines proletarischen Kindertheaters: Baustelle + Diskussion + Anhang«.

Walter Benjamin war vielleicht der wichtigste im Verlauf der Revolte von 68 wiederentdeckte Philosoph. Schon für die Beat-Generation war Walter Benjamin eine Art Identifikationsfigur. War er doch ein Gescheiterter, dem wissenschaftliche Anerkennung Zeit seines Lebens verwehrt wurde, und, was vielleicht noch viel wichtiger war, er war ein kiffender Bohemien. Seine niedergeschriebenen Erfahrungen mit Haschisch in Marseille zeigen einen Intellektuellen, der sich auch dem Rausch hingeben konnte. Seine Weggefährten Theodor W. Adorno und Max Horkheimer vom Institut für Sozialforschung schienen für dergleichen weniger empfänglich. Benjamin schien für die Studentenbewegung radikal anders zu sein. Er war als Außenseiter gestorben. Nach seiner Internierung Ende der 30er Jahre als Flüchtling in einem Sammellager bei Nevers schrieb er im November 1939 seinen letzten Text, die fulminanten Thesen *Über den Begriff der Geschichte*, die den Verlierern und nicht den Siegern das letzte Wort geben. Benjamins Versuch, im September 1940 über die Grenze nach Spanien zu gelangen, scheiterte. Im Grenzort Portbou, seine Auslieferung an die Deutschen stand unmittelbar bevor, nahm er sich das Leben. Ganz im Sinne von Albert Camus wollte sich Benjamin nicht in den Dienst derer stellen, die Geschichte machen, sondern in den Dienst derer, die sie erleiden.

Einige Schriften des 1892 geborenen Philosophen waren bereits in den 60er Jahren erschienen. 1961 hatte der Suhrkamp-Verleger Siegfried Unseld die erste Walter-Benjamin-Sammlung unter dem Titel *Illuminationen* veröffentlicht, doch es sollte bis 1966 dauern, bis der zweite Band *Angelus Novus* folgte. Die Herausgabe wurde von literarisch bewanderten 68ern scharf attackiert. Auslassungen, Streichungen und Manipulation wurden der Edition vorgehalten und im Zentrum der Kritikerfront stand die Berliner Zeitschrift *Die Alternative*, deren Herausgeber die in den Jahren 1967 und 1968 vielbeachteten Ausgaben zu Walter Benjamin erstellten und im Jahre 1980 nochmals über die Faszination des merkwürdigen Marxisten reflektierten. Das Blatt der linken und linksradikalen Literaturwissenschaft stand mit dieser Kritik nicht alleine. Auch die Philosophin Hannah Arendt kritisierte, die von Adorno bearbeitete Briefedition Benjamins verschleiere dessen prekäres Verhältnis zum Chef des Instituts für Sozialforschung Horkheimer. Doch die Kritik ging noch weiter. Der Schriftsteller Helmut Heißenbüttel warf Adornos Edition vor, Benjamins Texte vom Marxismus befreit zu haben. Auch die für Benjamin wichtige politische Freundschaft mit Bertolt Brecht habe er unterschlagen. Adorno beteuerte paternalistisch, er habe Benjamin nur gegen Missdeutungen des »dialektischen Materialismus« in Schutz nehmen wollen. Doch Nachforschungen ergaben, dass Adorno in Briefen an den Institutsleiter Horkheimer sowohl Herbert Marcuse wie auch Walter Benjamin kritisierte. Dahinter stand auch ein politischer Konflikt. So lehnte er Benjamins Kunsttheorie ab, der mit Brecht der Ansicht war, die Reproduzierbarkeit der Kunst biete enormes Potenzial für eine marxistische Kunstbewegung. Gemeinhin wird Benjamin eine politische Theologie unterstellt. Doch Benjamin war bei Weitem materialistischer gesinnt als Adorno. Wo Letzterer nur den Ausblick auf Erlösung anzubieten hatte, setzte Benjamin auf konkrete Befreiung. Diese sollte mittels einer Mischung aus Marxismus, Anarchismus, Surrealismus und populärer Kultur erwirkt werden.

In diesem Sinne machte sich die Zeitschrift *Die Alternative* daran, die Ästhetik und die Kunst zu politisieren.

Mehrere Ausgaben der erstmals 1958 erschienenen Zeitschrift für Literatur und Diskussion widmeten sich der Erarbeitung von Kriterien eines historisch-materialistischen Kunstbegriffs. Franz Kafka wurde als Zeuge des Klassenkampfes gelesen, unveröffentlichte Briefwechsel zwischen Brecht und Korsch präsentiert und die italienische Diskussion über anti-institutionelle Kultur bekannt gemacht. Wie keine andere Zeitschrift begleitete *Die Alternative* den Weg der akademisch ausgebildeten 68er bei ihrem »Weg durch die Institutionen«. Dabei versuchte sie, dem dogmatischen Kulturverbot innerhalb der Neuen Linken entgegenzuwirken, wollte aber auch keiner schlichten »Autonomie des Kulturellen« das Wort reden. Typische Fragen waren: Wie kann in Schulen, Universitäten oder im Medienbereich subversive Praxis ausgeübt werden? Wie vermeiden die Kulturschaffenden das Abgleiten in die Ästhetisierung des Politischen? Doch das ambitionierte Gegenhegemonie-Konzept scheiterte. Ende 1982 stellte die Zeitschrift ihr Erscheinen ein. Viele ihrer Leser seien verbürgerlicht, erklärte *Die Alternative*. In einem Gespräch der Redaktion mit dem sozialrevolutionären Theoretiker und Historiker Karl Heinz Roth in der letzten Ausgabe äußerte dieser: »Unsere Freunde von damals sind wirklich staatsmännisch geworden.« Die Redaktion der *Alternative* blieb – dem Motto Benjamins folgend – radikal und signalisierte sogar Sympathien für die neue autonome Bewegung. Auch wenn diese Fragen von Dialektik und Didaktik geringschätzte. Ein brennendes Auto – hätte das Benjamin gefallen? »Warum nicht?«, fragte die scheidende Redaktion. Schließlich wusste Benjamin, dass alle Kultur vom Herrschafts- und Machtanspruch der Sieger geprägt ist. Sie muss verschwinden. Vielleicht tauchten Benjamins »positive Barbaren« auf den Straßen und in den besetzten Häusern in Berlin,

Frankfurt, Freiburg und Zürich wieder auf. *Die Alternative* erlosch, die Autonomie flackerte auf.[15]

15 Die Alternative. Zeitschrift für Literatur und Diskussion, Ok-
     tober/Dezember 1967, Nr. 56/57; Walter Benjamin, Eine kom-
     munistische Paedagogik: Spielzeug und Spielen; Programm eines
     proletarischen Kindertheaters (Zentralrat der sozialistischen
     Kinderläden West-Berlin) 1969

Ernst Bloch und der aufrechte Gang

Er war ein guter Freund von Rudi Dutschke und war ihm – wie auch Helmut Gollwitzer – ein väterlicher Freund. Das Bild eines strahlenden Rudis und eines genüsslich Pfeife rauchenden Ernst Bloch, beide auf dem Rasen liegend, dürfte bekannt sein. Wie kein anderer Vertreter der Kritischen Theorie inspirierte der 1885 geborene Philosoph Ernst Bloch den Sprecher der Studentenbewegung und bestärkte bei Dutschke und vielen anderen APO-Vertretern die Idee eines »humanistischem Sozialismus«. Der »aufrechte Gang« wurde zu einem geflügelten Wort – und mag Dutschke noch inspiriert haben, als er an dem Grab des RAF-Mitglieds Holger Meins die Faust reckte und erklärte, dass der Kampf weitergehe.

Für die Faschismusdiskussion in der Neuen Linken eröffnete Bloch vollkommen neue Perspektiven. Vor allem in seiner Schrift *Die Erbschaft dieser Zeit* stellte Bloch heraus, wie der Faschismus unter anderem auch rebellische Motive ansprechen konnte. Er machte darauf aufmerksam, dass die Nazis in den von den Kommunisten vernachlässigten Bereichen, beispielsweise der bäuerlichen Mentalität, zu wildern wussten. Die Kommunisten wollten nur den Fortschritt verkörpern und übersahen die Ungleichzeitigkeit. Die Faschisten machten sich so zum Anwalt abgehängter, rückständiger und ungleichzeitiger Schichten der Gesellschaft, die oftmals hochmütig von den Kommunisten alleine gelassen wurden.

In der hitzigen Debatte über den Israel-Palästina-Konflikt nahm Bloch eine zu der Neuen Linken antizyklisch verlaufende Position ein. War die deutsche Linke zuerst pro-israelisch und mit dem Sechstagekrieg im Zuge des marxistisch-leninistischen Antiimperialismus schnell antizionistisch, so ging Bloch den umgekehrten Weg. Auf einer deutsch-israelischen Kundgebung in Frankfurt im Juni 1967 wies er eine antiimperialistische Position zurück: die Analogie Israel – Südvietnam und Arabien – Nordvietnam gehe völlig fehl. Der »heilige Krieg« gegen den Staat Israel, so Bloch, lasse sich ebenso wenig mit »Defensive« übersetzen, wie die im Krieg gegen die Kibbuzim befindlichen arabischen Ölsultanate als »Kommune« zu bezeichnen seien. In den 50er Jahren, im zweiten Band des *Prinzip Hoffnung*, wollte Bloch Israel noch ganz anders sehen. Der Staat Israel, durch die Flucht vor dem Faschismus bevölkert, sei selbst faschistisch geworden, schrieb er da. Herzls Zionismus sah er als eine Utopie des unmittelbar Erreichbaren, mit kapitalistisch-demokratischem Hintergrund. Bloch setzte auf die universalistisch-revolutionäre Tradition. Den zionistischen Sozialismus eines Moses Hess vor Augen schrieb er, die Revolution und die Emanzipation der Juden brauche kein geografisches Zentrum. »In einer umfassenden Freiheitsbewegung haben die Juden jederzeit Platz, das letzte Ghetto überflüssig zu machen.« Das war aber leider nicht der Fall. Bloch schrieb dies als glühender Stalinist in einer Zeit, in der unter Stalin der Antisemitismus in der kommunistischen Weltbewegung salonfähig gemacht wurde und viele Juden befürchten mussten, dass sie im Vaterland der Werktätigen gerade keinen Platz haben. Vielleicht lässt sich vor diesem Hintergrund auch seine spätere vehemente Verteidigung Israels im Jahre 1967 verstehen.

Am 8. Februar 1968 kam es in der Evangelischen Akademie Bad Boll zu einer historischen Begegnung. Erstmals traf sich der Tübinger Philosoph Ernst Bloch mit dem Berliner

Studentenführer Dutschke. Weitere Diskutanten waren Werner Maihofer und Ossip K. Flechtheim. Revolution könne heute keine Machtergreifung linker Minderheiten sein, betonte Dutschke in der Diskussion. Für Ernst Bloch zerstörte der Verlauf der Begegnung in Bad Boll das Klischee, wonach die revolutionäre studentische Bewegung sektiererisch sei. Die Diskussion zeige eine tiefe Toleranz und einen neuen Ton innerhalb der revolutionären Bewegung. Mit Bloch war sich Dutschke vollkommen einig, dass die realsozialistischen Länder keine wirkliche sozialistische Alternative anbieten könnten. Bereits 1957 war der damals noch in Leipzig lehrende Philosoph wegen seiner Kritik an der doktrinären Erstarrung des Marxismus in der DDR und wegen seiner kritischen Beurteilung der Niederschlagung des Ungarnaufstands 1956 zwangsemeritiert worden. 1961 überraschte Bloch und Frau Karola bei einer Vortragsreise in der Bundesrepublik Deutschland der Mauerbau. In die DDR zurückkehren? Nein, sie blieben als Oppositionelle in der Bundesrepublik. Bloch nahm eine Professur für Philosophie an der Universität Tübingen an. Dutschkes christlich inspirierter Antiautoritarismus kam in der Diskussion besonders zum Tragen, so bezog er sich positiv auf Fidel Castro, der bestimmten Strömungen innerhalb der katholischen Kirche revolutionäres Denken attestierte. In der Einschätzung der ambivalenten Rolle, die die Religion in der Weltgeschichte spielt, dürften sich Dutschke und Bloch einig gewesen sein. Es gibt die herrschaftliche Kirche, die Kirche der Herren mit ihren Herrentabus und opiathaften Verschleierungen. Es gibt aber auch die Tradition des messianischen Aufbegehrens gegen das irdische Jammertal, die Tradition Thomas Müntzers, den Bloch als »Theologen der Revolution« bezeichnete, die Tradition der aufständischen Bauernhaufen. Sowohl Dutschke als auch Ernst Bloch betrachteten die aus Lateinamerika kommende

Befreiungstheorie als Hoffnung machende Bewegung, sahen sie hier doch wieder eine Verbindung von sozialem Aufstand von unten und Heil verkündender Religiosität. Bloch war in seiner Jugend vom Expressionismus geprägt, und das ist seiner kraftvollen, aber nicht einfachen Sprache anzumerken. Sein erstes Werk *Geist der Utopie* von 1918 ist geprägt von messianischem Romantizismus, Mystik und Sozialismus. Blochs revolutionäre Religiosität schöpft zu dieser Zeit sehr stark aus christlichen Quellen, im Zentrum stehen Joachim von Fiore und die Apokalypse als Prozess sozialer Befreiung und Erlösung. Michael Löwy hat vor allem in dieser Phase bei Bloch einen messianischen, revolutionär-romantischen »Anarcho-Bolschewismus« ausgemacht. Von einem wissenschaftlichen Marxismus, der meint, soziale Beziehungen und Bewegungen wie Naturgesetze behandeln zu können, wollte Bloch tatsächlich bis zum Ende seines Lebens nichts wissen. Nicht zuletzt der wissenschaftliche und oftmals nur pseudowissenschaftliche »Kältestrom« im Marxismus habe viele Kleinbürger zu der scheinbaren »Wärme« der Nazis getrieben, die voller Gemüt, Tiefe und deutschem Geist zu sein schienen. Der marxistische Holzhammer-Atheismus habe ein Vakuum gelassen, das von den Nazis mit ihrer politischen Religion und verkehrten, barbarischen Utopie gefüllt wurde. Bloch sprach sich für die sozialutopischen Antizipationen im Kontext marxistischer Praxis aus. Das hieß, dass er keinesfalls zurückwollte zu den Utopisten. Es ging ihm vielmehr um eine im Bestehenden bereits potenziell anwesende Utopie, um eine konkrete Utopie. Durch das Adjektiv »konkret« verliere die Utopie ihren negativen Aspekt. Aber: »Ohne Ökonomie geht's nicht, sonst ist es abstrakter Utopismus.«[16]

---

16 Vgl. u. a.: Ernst Bloch, Das Prinzip Hoffnung, 3 Bände, Berlin (Ost) 1954–1959, Widerstand und Friede. Aufsätze zur Politik,

Mit Wilhelm Reich gegen den Charakterpanzer

In Westdeutschland der frühen 50er Jahre war nur der Marxismus noch verrufener als die Psychoanalyse. Man wollte in Ruhe gelassen werden, das Unbewusste nicht ins Gedächtnis und Bewusstsein vorrücken lassen. Für die antifaschistische Revolte um 1968 wurde so Sigmund Freud zu einer attraktiven Theorie-Ikone. Da man gesellschaftskritisch vorgehen wollte, wurde der 30er-Jahre-Freudo-Marxismus entdeckt, nicht die Individualpsychologie. Besonders die marxistischen Linksfreudianer Erich Fromm, Wilhelm Reich und Siegfried Bernfeld spielten eine große Rolle, weil sie an einer Kombination von marxistischer Gesellschaftskritik und Freud'scher Trieblehre arbeiteten. Für die Genannten war die Erweiterung des marxistischen Materialismus um die Dimension der psychischen Prozesse ein notwendiger Weg, der aus der Krise des Marxismus führen sollte. Sie wollten damit erklären, warum objektiv eine Revolution möglich ist, aber der subjektive Faktor in eine andere Richtung weist. Viel Erfolg hatten sie mit ihrer Fragestellung nicht. Wilhelm Reich, der als Psychoanalytiker und Kommunist eine Bewegung für Sexualökonomie und Politik (Sexpol) aufbaute, wurde bereits 1932 aus der Kommunistischen Partei ausgeschlossen. Das damalige führende KPD-Mitglied Wilhelm Pieck soll den Ausschluss mit den Worten begründet haben: »Wir

---

Frankfurt am Main, 1968; ders., Politische Messungen, Pestzeit, Vormärz Frankfurt am Main 1970

Marxisten beschäftigen uns mit der Produktion, Reich aber mit der Konsumtion«.

Der Wiener Kommunist und Psychoanalytiker schrieb in seiner zentralen Schrift *Die Massenpsychologie des Faschismus*, dass die Mystik der Nationalsozialisten über die Wirtschaftslehre des Sozialismus gesiegt habe. So rückte Reich, wie Erich Fromm vom Frankfurter Institut für Sozialforschung, die »konformistische Rebellion« ins Zentrum seiner Betrachtung. Der Nationalsozialismus müsse als Massenbewegung begriffen werden, deren Befehlsstrukturen von den Massen teilweise freiwillig aufgenommen wurde. Erich Fromm entwickelte so in den 1934 begonnenen und 1936 veröffentlichten *Studien über Autorität und Familie* eine Theorie der »autoritären Persönlichkeit« beziehungsweise des »sadomasochistischen Charakters«. Bei Reich sind »biologische Versteifung« und der »Charakterpanzer« verantwortlich für die Begeisterung für die autoritäre Bewegung. Dass diese sozialpsychologische Betrachtungsweise den Rahmen der ökonomistischen Faschismusdefinitionen eines Dimitroff sprengt, erklärt sich von selbst. Es mag dahingestellt sein, ob Reich den Massencharakter des Faschismus plausibel erklären konnte: führende kommunistische Faschismustheoretiker wollten es erklärtermaßen gar nicht.

Der Begriff des »Autoritären« wurde nun in den 60er Jahren wiederentdeckt und gegen die westliche Nachkriegsgesellschaft und den östlichen Realsozialismus in Anschlag gebracht. Das Interesse an den alten antiautoritären Schriften führte schließlich dazu, dass 1979 die unter dem Namen von Erich Fromm veröffentlichte Studie *Arbeiter und Angestellte am Vorabend des Dritten Reiches*, die revolutionär-progressive Haltungen von autoritär-faschistischen unterscheiden wollte, endlich veröffentlich wurde. Eine wichtige Erkenntnis dieser Studie ist, dass die große Zahl von Mitgliedern in sozialistischen Parteien darüber hinwegtäuscht, dass bloß ein kleiner Kern eine wirklich revolutionär-progressive Haltung an den Tag legt. Fromm sieht und kritisiert eine weit verbreitete Haltung bei nicht wenigen Mitgliedern der Kommunistischen Partei, die sich eine starke Autorität im öffentlichen wie privaten Leben wünschten. Reich zeigte sich in seiner Schrift *Was ist Klassenbewußtsein?* von 1932, die in den späten 60er Jahren als Raubdruck zirkulierte, als früher und einsamer Warner. Der internationale Sozialismus muss, wenn die Arbeiter nicht den Versprechungen des »nationalen« Sozialismus auf den Leim gehen sollen, «den Anschluss an das kleine, banale, primitive, einfache Alltagsleben und an die Wünsche der breitesten Massen in allen ihren Verschiedenheiten nach Land und Schicht finden«. Besonders auf der Ebene der Triebe.

Die Nazi-Bewegung zeige sich keinesfalls als durchgehend sexualfeindlich, so Reich. Die Mehrzahl der Deutschen wären ermuntert worden, sexuelles Vergnügen zu suchen. So macht Reich auf Reden von Goebbels aufmerksam, in denen dieser gegen die »unbefugten Sittenrichter und die verlogenen Keuschheitsapostel« loszog und erklärte, der Nationalsozialismus sei keine Pietistenbewegung. Reich sieht darin Beispiele für die massenpsychologische Klugheit der Naziführer, die auf Unmut bei dem von ihnen umworbenen Stand stets zu reagieren wussten. Reich plädiert in seiner Schrift dafür, die repressiven Momente wie Führergefolgschaft und Militarismus innerhalb der kommunistischen Bewegung stärker zu bekämpfen. Die sprengenden, rebellischen Motive, die von den faschistischen Jugendorganisationen BDM und HJ repräsentiert würden, würden der Rebellion der Jugend eine Heimat geben. Dort gebe es die Möglichkeit von sexuellen Erlebnissen jenseits der überwachenden Elternhäuser. Das mache die Nazis für die Jugend attraktiv. Doch die Kommunistische Partei, so Reichs Vorwurf, hätte nicht gewusst, was zu fördern und was zu zerstören gewesen sei. Er schreibt: »›Disziplin‹, ›Musik und Marschieren‹? Das konnten die anderen noch viel besser. Das politische Geschrei der anderen war besser, kräftiger.« Reichs Perspektive verstand sich als orthodox-freudianisch: eine kommunistisch-psychoanalytisch geschulte Organisation hätte die Wünsche und Begehrensströme ins Bewusstsein rufen müssen, den Wunsch, auch den nach autoritärem Schutz, in Worte fassen, um ihn zu überwinden. »Doch derartigen Aufgaben war eine Organisation, die jede Psychologie als konterrevolutionär ablehnt, nicht gewachsen«, bilanzierte er.

Die 68er wollten ihm gewachsen sein, blieben aber oft hinter den frühen Erkenntnissen von Reich zurück. Knüppelnden Polizisten wurde empfohlen, mehr Sex zu haben. Die Revoltierenden befragten sich und andere nach ihren Trieben. Wo der frühe klassenkämpferische Reich noch gelesen wurde, konnte der Psychosponti-Exhibitionismus verhindert werden. Wo nur noch Psychosponti und Innenschau angesagt war, hatte man eigentliche Absicht und Anliegen des Marxisten Reich schon verdrängt. 1972 legte Wilhelm Burian eine marxistisch-kritische Analyse und Biografie von Wilhelm Reich vor, die mit den Worten endet: »Reich hat uns auf die eminente Bedeutung des subjektiven Faktors in der Geschichte hingewiesen, die Sexualökonomie ist aber nicht das letzte Wort der historischen Psychoanalyse. Die konkrete Bestimmung vom Verhältnis sexueller Verhaltensweisen und ökonomischer Formationen ist noch ausständig.«[17]

---

17 Vgl.: Wilhelm Reich, Die Massenpsychologie des Faschismus, Köln 1971; ders., Was ist Klassenbewußtsein? Ein Beitrag zur Neuformierung der Arbeiterbewegung, Amsterdam 1968; ders., Einbruch der Sexualmoral, Raubdruck, Berlin 1969; Wilhelm

Herbert Marcuse –
der Befreiungstheoretiker der 60er

Während Theodor W. Adorno Goethe auf der Spur war und Max Horkheimer die freie Welt im Muff des Talars verteidigen wollte, kehrte ihr alter Kollege Herbert Marcuse im Juli 1967 als Gastprofessor in seine Geburtsstadt Berlin zurück. Der nach Aussage von Eric Hobsbawm stets wie ein braungebrannter Skilehrer aussehende Marcuse verkündete an der FU, dass man im Bündnis mit dem System nicht mehr glücklich werden könne. Und genau diese Aussage machte die Revoltierenden glücklich.

Von den Vertretern der Frankfurter Schule war er der Einzige, der die alte Kritische Theorie und die junge Revolte zusammenbringen wollte. Hierfür stellte Herbert Marcuse eine ganz eigene Revolutionstheorie auf, einen libertären Freudo-Marxismus, der die Libido als Widerstandspotenzial feiert.

Für Marcuse lauerte das Übel in der »Leistungsgesellschaft«, der Zentralbegriff in seinen berühmten Büchern *Triebstruktur und Gesellschaft* (1955) und *Der eindimensionale Mensch* (1964). Schon in seinen Studien *Über soziale und politische Aspekte des Nationalsozialismus* (1941) hatte er auf Hitlers Rede vor dem Industrie-Club in Düsseldorf 1932 verwiesen, in der dieser sich rückhaltlos zum »Leistungsprinzip« bekannte.

Burian, Psychoanalyse und Marxismus. Eine intellektuelle Biographie Wilhelm Reichs, Frankfurt am Main 1972

Von der Arbeiterklasse versprach sich Marcuse wenig. Wie für die meisten Radikalen des US-amerikanischen SDS (hier: *Students for Democratic Society*) schien die Arbeiterklasse Marcuse durch Konsumversprechungen in den Spätkapitalismus integriert. »Heute ist der Kampf für das Leben, der Kampf für den Eros der politische Kampf«, verkündete Marcuse. Bereits 1966 hatte er festgehalten: »Die Kraft der Negation, wir wissen es, ist heute in keiner Klasse konzentriert.« Alte Rätekommunisten wie Paul Mattick mochten ihm darin noch widersprechen, näher am Kern der Revolte und an ihrer objektiven Beschränkung sowohl in Westdeutschland als auch in den USA, wo sie sich nicht nennenswert mit der Arbeiterschaft verbinden konnte, war Marcuse.

Er war stets auf der Suche nach einem Ausweg aus der verkehrten Welt des Kapitalismus. Ein solcher war in der negativen Geschichtsphilosophie der *Dialektik der Aufklärung* von Horkheimer und Adorno nicht mehr zu finden. Stattdessen wurde dort nur noch eine graue Theorie der allumfassenden Kontinuität von Unterdrückung der äußeren und inneren Natur entwickelt.

Vernunft aber ist für Marcuse nicht der Antipode zum Trieb, sondern begründet sich erst in der Trieblehre. Vernünftig ist, was Lust macht; ein Kuss kann Jürgen Habermas' Aufforderung, den Diskurs gemäß dem zwanglosen Zwang des besseren Arguments zu gestalten, ins Leere laufen lassen. Irrational sind Hass, Gewalt und Herrschaft. Marcuse proklamierte nichts Geringeres als eine ästhetisch-erotische Vernunft gegen den Irrationalismus im Spätkapitalismus.

Um zu einer Freud'schen Befreiungstheorie zu gelangen, musste Marcuse Freud aber zuerst vom Kopf auf die Füße stellen, dessen pessimistische Anthropologie überwinden und eine »biologische Grundlage des Sozialismus« behaupten. Verlangt nach Freud das Realitätsprinzip immer Umformung und Unterdrückung der Triebe, so ist für Marcuse die spezifisch historische Ausformung des Realitätsprinzips im Spätkapitalismus das Leistungsprinzip. Dieses stützt die Herrschaft der Konzerne und nötigt den Lohnabhängigen, die auch sonst allen Anspruch auf »Ewigkeit der Lust« aufgeben müssen, entfremdete Arbeit ab. Bei Marcuse findet sich das Gegenprogramm der umfassenden Erotisierung des Lebens. In *Triebstruktur und Gesellschaft* schrieb er, die Sexualität sei eine »wesensmäßig explosive Kraft«, die sich mit der Arbeit als »wichtigste(r) soziale(r) Manifestation des Realitätsprinzips« konfrontiert. Lust und Arbeit blieben beständig getrennt in der Gesellschaft des kapitalistischen Leistungsprinzips, eine »libidinöse« Arbeit muss die vom Leistungsprinzip beherrschte Ordnung logisch aufsprengen, unter anderem da Zeitlosigkeit das Ideal der Lust ist. Libidinöse Lust werde nur als zeitweiliger kontrollierter Zustand geduldet, nicht als beständiger Quell menschlichen Daseins. Narziss und Orpheus werden von ihm als Vertreter der »Großen Weigerung« und als Rebellen gegen die Sexualität aus bloßem Gebärzwang dargestellt. Dabei ist er ambivalenter, als man denkt – schließlich schrieb er nie ein Handbuch über »guten Sex«. Gesellschaftlich erlaubte, ungefährliche Spielarten der Befreiung der Triebe nannte Marcuse in den 60er Jahren »repressive Entsublimierung«. Marcuse konstatierte für die USA ähnliche Phänomene partieller Triebbefreiung wie im faschistischen Deutschland. Ein scheinbar glückliches Bewusstsein greife manipulierend um sich, sodass Rebellion nicht mehr möglich scheint. Für alles gibt es eine technische Lösung, auch für das zu behebende Unglück. Dem manipulierten Individuum im Spätkapitalismus werde die Möglichkeit geboten, »ganz wie es Spaß macht, im Motorboot davonzurasen, einen elektrischen Rasenmäher zu schieben, ein Auto auf Touren zu bringen«.

Dass der aus den USA kommende Sozialphilosoph Herbert Marcuse der Übervater der 68er war, ist kein Wunder. Die kulturrevolutionäre Seite von »1968« hat ihre Wurzeln in den USA und müsste auf 1964/65 datiert werden. Vietnamkrieg, Rassentrennung und eine verklemmte und repressive Vorgartenkultur der *white anglo-saxon protestants* ließ die weißen Kinder die Flucht in Kommunen, LSD, Sex und lange Haare antreten. Auf dem Campus, in den Schulen, auf den Straßen begann der Kampf der weißen Mittelstandjugend gegen Amerika. Für den amerikanischen Literaturprofessor Leslie Fiedler stand diese Jugend für die »Rückkehr des verschwundenen Amerikaners« und das Auftauchen »neuer Mutanten«, die sich in »Fummelkommunen« jenseits der Freud'schen Fassung korrekter Sexualität wiederfinden würden. Erhellende Dokumente dieser Zeit sind die US-Underground-Comics, in denen einer bis obenhin zugeknöpften Gesellschaft die Kleider vom Leib gerissen und nicht nur gefummelt wurde. Trotzdem witterte Fiedler in diesen neuen Alltagspraktiken die Überwindung der Moderne und meinte nun, Marx und vor allem Freud mit seinem Primat der Genitalität sei überwunden.

Aber weit gefehlt: In der Neuen Welt brach nicht die Postmoderne an, vielmehr wurde eine Zivilisation, die sich im eigenen Vorgarten wie im »eigenen Hinterhof« barbarisch aufführte, verworfen und eine Art radikale Flucht vor der Realität angetreten, die sich deshalb umso heftiger mit der Realität in Form von Polizei, Eltern, KKK konfrontiert sah. Und für die alte Welt stand die Entdeckung der Moderne eigentlich erst an. Besonders in Deutschland kramte man die als »jüdisch« und »zersetzend« definierten Werke des

Freudo-Marxismus heraus. Das Interesse an Marx und der Psychoanalyse war hier besonders groß, konnte man doch eine Sprache wählen, die in Form und Inhalt im krassen Widerspruch zum Nazijargon der Eltern stand. In allen europäischen Ländern, die von der 68er-Revolte erfasst wurden, kam Freud in Reichianischer Interpretation zu neuen Ehren. Die Genitalität sollte richtig und nicht verschämt kennengelernt werden. In Frankreich forderten Studentinnen und Studenten der Universität Nanterre das Ende der »sexuellen Segregation« in Männer- und Frauenwohnheime, in denen gegenseitiger Besuch untersagt war. Im März 1967 kam es zu einer Besetzung des Studentinnenwohnheims durch mit Wilhelm-Reich-Pamphlete bewaffnete Studentinnen und Studenten.

Die gegen ihre Nazi-Eltern revoltierende Jugend in Westdeutschland konnte mit ihrer Hilfe den Zusammenhang zwischen autoritärer Persönlichkeit und Faschismus herausstellen. Gleichzeitig vermochte man, sexuelle Befreiung als antifaschistisches Programm auszugeben. Besonders die Familie erfuhren die rebellierenden Schülerinnen und Studenten nicht nur als belastete und über die Naziverbrechen sich ausschweigende Bande, sondern auch als Ort der Repression. Zwischen den elterlichen Wänden habe die Über-Ich-formende Einübung in Triebverzicht stattgefunden, die nur zu Neurosen und autoritärer Charakterdeformation führe. Die Kommune 2 gab deshalb 1967 die Parole aus: »Zerschlagt die bürgerliche Kleinfamilie!«

Während die Großen der Kritischen Theorie zu Konservativen geworden waren, zeigte sich der Sozialphilosoph Herbert Marcuse begeistert von der Revolte. Denn sie verkörperte in vielerlei Hinsicht das, was er mit seiner Theorie der Befreiung schon seit längerer Zeit propagierte. In seiner Schrift *Triebstruktur und Gesellschaft* kritisierte er in Anknüpfung an Freud das Realitäts- und Leistungsprinzips im Spätkapitalismus im Namen des Lustprinzips.

Doch nicht immer war alles theoriegeleitet, die subkulturelle Seite der außerparlamentarischen Bewegung verkörperte die Kommunebewegung. Nicht nur Sit-ins und Teach-ins wurden aus den USA übernommen, auch der Kommunegedanke als praktische Aufsprengung der bürgerlichen Kleinfamilie war ein Ami-Import, obwohl es richtige Kommunen ja bereits um 1900 im Kanton Tessin am Monte Verità oder in der Frühphase des revolutionären Russlands gab. Dieter Kunzelmann, vom Situationismus beeinflusster Kommunarde und Antiautoritärer, brachte ihr Programm mit seiner abgründigen Parole etwas verzerrt auf den Punkt: »Was geht mich der Vietnamkrieg an, wenn ich Orgasmusschwierigkeiten habe?« Doch dieser Spruch markierte keinen Rückzug ins Private oder ins Therapeutisch-Psychische, wie in den 70er und 80er Jahren, sondern gerade die Kommune I bereicherte die außerparlamentarische Protestbewegung gegen Notstand und Schah-Besuche mit neuen Aktionsformen und radikalen Inhalten. Die Kommune I zog allerdings die meiste Medienaufmerksamkeit auf sich, was wiederum die Profilneurotiker und Hasardeure in dieser Kommune umschmeichelte.

Die in Abgrenzung zur K1 entstandene Kommune 2 in Berlin-Charlottenburg um Jan-Carl Raspe, Hans-Eberhard Schultz, Eike Hemmer und Marion Steffel-Stergar sah sich als sozialrevolutionäres Projekt. Die sieben Erwachsenen mit zwei Kindern in der 7½-Zimmerwohnung planten die kollektive Organisation des Alltags mit folgenden Bestandteilen:

1. *Horizontaler Finanzausgleich*: Privatgeld wurde abgeschafft, zudem wurde gemeinsam Geld erwirtschaftet durch den Verkauf und das Drucken von Broschüren

(Schriften der ›Sex-Pol-Bewegung‹, von Wilhelm Reich und eigene Broschüren)

2. Gemeinsame Planung des Konsums
3. Gemeinsame Organisierung der Haushaltsarbeiten (*abwechselnde Haushälterarbeit*) zunächst durch Rotation, dann durch kollektive Kampagnen ergänzt
4. Gemeinsame Kindererziehung

Sie rief die »Revolutionierung des bürgerlichen Individuums« aus. Nur zu einem kleinen Teil bestand diese erwünschte Revolutionierung in der Propagierung von *freier Liebe*. Vor dem Hintergrund des heutigen Booms des Online-Dating erscheinen die inserierten Kontaktanzeigen als Form der Roten Hilfe gegen sexuelle Verarmung besonders aus der Zeit gefallen, schließlich tauchten sie zu einer Zeit auf, als diese Form der Kontaktanbahnung noch bei normalen Jugendlichen und jungen Erwachsenen verpönt war. Sie waren mit einer Gegenkultur, den offenen linken Wohngemeinschaften und dem generell experimentellen Charakter der Zeit verbunden, und es lohnt sich ein Blick auf diese eigentümliche Geschichte, beispielsweise in Form der Kontaktanzeigen der Berliner Anarchozeitschrift *agit 883*: »Noch nicht voll emanzipierte Germanistin sucht Genossen, um durch Erlebnis- und Bewußtseinserweiterung eine Vermittlg. zw. Theorie u. Praxis zu schaffen. Achtg.: liebesbedürftig, jed. aggressiv! Tel …« oder auch: »Ich bin ein junger, homosexueller politisch tätiger Genosse: Ich entschloss mich, euch zu bitten, in der nächsten 883 eine Bekanntschaftsanzeige zu drucken … Ich leide sehr unter Einsamkeit, und ich kann mir keine andere Lösung im Moment ausdenken. Denn ich hasse die entfremdeten Beziehungen, die in Lokalen oder käuflich entstehen …«, oder: »In der Hallischen Str. 20 ist wieder ein Genosse der Orgasmusschwierigkeiten hat und ein Weib sucht, Günter Keller heißt der Knabe!« Und schließlich: »Bürgerliche Bummsgesuche werden nicht mehr angenommen. 883« Diese Stimmen einer ganz anderen Epoche zeigen nur die allgemeine Tendenz, die die Sexualitätsforscherin Ulrike Heider gut auf den Punkt gebracht hat:

> »Die sexuelle Revolution, die als Teil einer sozialen Revolution gedacht war, hat ebenso wenig stattgefunden wie die Sozialrevolution. Aber die, die vor allem ökonomische Interessen an der sexuellen Befreiung im Sinne von Marktfreiheit hatten, haben am meisten davon profitiert. Werber, Zeitschriftenmacher, Pornographen. Die Vermarktung von Sexualität ist in einem Maße fortgeschritten, wie man sich das damals (rund um 1968) nie hätte vorstellen können.«

Die sexual-politischen Strategien der Bewegung wurden mit großem Ernst diskutiert und kritisiert. Reimut Reiche vom Frankfurter SDS lieferte 1971 die interessanteste Schrift ab und gab in *Sexualität und Klassenkampf* weit vorgreifende Antworten auf Fragen der Revolutionierung des Persönlichen und Sexuellen. Er kritisierte die Kommune als Proudhonismus und Stalinismus zugleich, als Ideologie eines »Sozialismus in einem Haus«. Das »scheingenitale Protzen« der Kommunarden erinnere ihn an das exhibitionistische Verhalten der zwanghaft-promiskuitiven amerikanischen Ehepaare. Er sprach von den Gefahren der sexuellen wie emotionalen Abstumpfung als Gegenstück zu neurotischer Eifersucht und kritisierte im Rückgriff auf Adorno die blinden Attacken der Kommune auf Treue und Ehe in einer Zeit, in der diese Institutionen vom Kapitalismus selbst unterhöhlt würden.

Frank Böckelmann hatte schon in kritischer Fortführung von Herbert Marcuses Thesen im Jahre 1966 die »schlechte Aufhebung der autoritären Persönlichkeit« diagnostiziert. Eine Lockerung der Arbeitsmoral würde auch eine tendenzielle Triebbefreiung ermöglichen. Der autoritäre Vater verschwinde zusehends. Trotzdem greife absolute Hörigkeit um sich, auch wenn Sexualität »freigegeben« und Arbeit

»entwertet« worden sei. Die Psyche des Autoritären hätte sich noch an vorgegebenen Strukturen gerieben, »war in einem bestimmten Sinne noch potentiell revolutionär. Im modernen Narziß, der weder von Schuldangst noch von heftiger Wunschvereitelung gequält wird, lehnt sich nichts mehr auf.« Böckelmann schrieb dies kurz vor der Revolte, nicht heutzutage, wo es absolut zutreffend wäre.

Das kulturpessimistische Gejammer über Neunzehnhundertachtundsechzig, Sexualisierung und Sexismus ist gänzlich fehl am Platz, auch wenn der ein oder andere Revolt-Star von 68 wie Rainer Langhans sich zum medialen Sexstar des bigbrotherisierten Kapitalismus stilisierte. Eine verallgemeinerte Sexualisierung ohne Bruch mit den kapitalistischen Formbestimmungen konnte mit den Klassikern des Freudo-Marxismus nicht begründet werden. Bereits in der 1967 auf Deutsch erschienenen Schrift *Der eindimensionale Mensch* von Marcuse wird das Einbauen des Sexuellen in die kapitalistische Warengesellschaft als »repressive Entsublimierung« kritisiert. Mit diesem Begriff war Marcuse in der Lage, zu beschreiben und vorwegzunehmen, dass Triebbefreiung und Akzeptanz kapitalistischer Leistungsprinzipien kein Widerspruch sein müssen. Schließlich beäugte Marcuse schon in den 30er Jahren den »Hedonismus« kritisch. Auch wies er bereits in seinem 1964 veröffentlichten Buch *Der eindimensionale Mensch* darauf hin, dass die in viktorianischen und sexuell repressiv verwalteten Zeiten in der Literatur oder Malerei auftauchenden Figuren wie Künstlern, Prostituierten, Ehebrecherinnen, dem Schelm oder dem Narr ein schwaches subversives Potenzial zugekommen sei, während heute der Vamp, »der Nationalheld, der Beatnik, die neurotische Hausfrau, der Gangster, der Star, der charismatische Industriekapitän«, man könnte ergänzen: der Hipster, eine Funktion ausüben, »die von ihren kulturellen Vorläufern sehr verschieden ist, ja im Gegensatz zu ihr steht. Sie sind keine Bilder einer anderen Lebensweise mehr, sondern eher Launen oder Typen desselben Lebens, die mehr als Affirmation denn als Negation der bestehenden Ordnung dienen.«

Demgegenüber müsste eine repressionslose Sublimierung, die für Marcuse völlig unvereinbar ist mit den Institutionen des Leistungsprinzips, die Überführung von Sexualität in Eros bewerkstelligen. Eros ist für Marcuse »Selbst-Sublimierung« in dauerhafte und erweiterte Beziehungen (einschließlich von Arbeitsbeziehungen), die dazu dienen, die Triebbefriedigung zu intensivieren und zu vergrößern.

Die Pro-Sex-Stimmung der Sechziger mündete bald in einem auch an theoretischen Entwürfen ablesbaren Katzenjammer. Es war Michel Foucault, der die reichianische Repressionshypothese verwarf und einen gesellschaftlichen Druck des »Immer-mehr-Sex« diagnostizierte. Er forderte in einem Interview 1977 »Nein zum König Sex!« und wollte die Körper und Lüste gegen den Sex in Stellung bringen.[18]

---

18 Vgl.: Herbert Marcuse, Triebstruktur und Gesellschaft. Ein philosophischer Beitrag zu Sigmund Freud. Frankfurt am Main 1965; ders. Der eindimensionale Mensch. Frankfurt am Main 1967; Paul Mattick, Kritik an Herbert Marcuse. Der eindimensionale Mensch in der Klassengesellschaft, Frankfurt am Main 1969; Reimut Reiche, Sexualität und Klassenkampf, Frankfurt am Main 1971; Frank Böckelmann, Die schlechte Aufhebung der autoritären Persönlichkeit, in: Anschlag, Heft 3, März 1966

Das *Nein* der Frauen

Unmittelbar mit dem sexuellen Aufbruch war auch die Kritik des Sexismus verbunden. Die Frauen rebellierten, zwangen die Bewegung, sich mit traditionellen Rollenmustern auseinanderzusetzen, mit der Notwendigkeit, die Kinder zu betreuen und zu beschäftigen, aber auch sexuelle Praktiken selbst zu hinterfragen. Monika Mitscherlich hatte in Frankfurt einen ersten Kinderladen gegründet, wo die traditionelle Kindergartenarbeit aufgesprengt wurde, indem Ergebnisse psychoanalytischer Erforschung der frühkindlichen Entwicklung in Konzepten antiautoritärer Erziehung im Vorschulalter experimentell umgesetzt wurden. Die pädagogischen und psychoanalytischen Reformdiskussionen der 20er Jahre wurden hierfür wiederentdeckt. Zu nennen ist das *Modell einer antiautoritären Erziehung* der Psychoanalytikerin Wera Schmidt, das der Zentralrat der sozialistischen Kinderläden im Jahre 1969 wiederauflegte. Das von Schmidt betreute Kinderheim, so schreiben die Autorinnen in dem Vorwort, sei als der »erste Versuch in der Geschichte der Pädagogik« zu werten, in dem »der Theorie von der kindlichen Sexualität praktischer Inhalt« gegeben wurde.

Aus dem Traum der sexuellen Befreiung wurde vielerorts das Trauma der *sexuellen Revolution*. Im November 1968 verteilte ein Frankfurter Weiberrat auf einer SDS-Delegiertenkonferenz einen »Rechenschaftsbericht«, auf dem eine mit Beil bewaffnete hexenartige Frau zu sehen ist, über deren Sofa eine Sammlung abgehackter und ausgestopfter Penisse die Wand ziert. Auf dem Flugblatt wurde der sexuelle Verfügungsanspruch der Genossen, die sich auch noch emanzipativ dünkten, abgewehrt. Der Weiberrat endete mit der Aufforderung: »Befreit die sozialistischen Eminenzen von ihren bürgerlichen Schwänzen!«

Von Feminismus als besonderer und gesonderter Theorie in dieser Zeit zu sprechen, wäre falsch. Dieser formierte sich erst 1971 und bot die Kategorie des Geschlechts an als Schlüssel zur Welterklärung.

Anfangs lasen alle – Frauen wie Männer – Wilhelm Reich. August Bebels *Die Frau und der Sozialismus* war eine wichtige Referenz, ebenso die Schriften von Alice Rühle-Gerstel und Otto Gross. Die SDSler Reinhard Wolff und Lutz von Werder hatten Werke von Siegfried Bernfeld aus den zwanziger Jahren herausgegeben wie *Psychoanalyse und antiautoritäre Erziehung.* Der Frühsozialist Charles Fourier trat Karl Marx zur Seite, schließlich ging es um die Entdeckung der »Attraction«, um Anziehungskraft und Leidenschaft. Als sich diese in der Praxis recht sexistisch ausbuchstabierte, entstand im September 1968 mit drei Tomatenwürfen auf den SDS-Vorstand bei der SDS-Delegiertentagung die Frauenbewegung. Die Männer hatten das Referat, das von Helke Sander als einziger Frau gehalten worden war, nicht zur Kenntnis nehmen wollen. Das Thema war die Gleichberechtigung der Geschlechter. Sander endete mit den Worten: »Genossen, wenn ihr zu dieser Diskussion ... nicht bereit seid, dann müssen wir allerdings feststellen, dass der SDS nichts weiter ist als ein aufgeblasener konterrevolutionärer Hefeteig.« Durch die 70er-Jahre-Frauenbewegung wurden die verheerend rückschrittlichen Alltagspraktiken unter den Genossen wie in der gesamten Gesellschaft teilweise medienwirksam ins Bewusstsein gerufen.

»Genossen auf der Straße, Faschisten im Bett«, skandierte die neue feministische Bewegung, die allerdings erst in den 70er und 80er Jahren mit dem Kampf gegen den Paragraphen 218, der in der BRD die Abtreibung verbot, gesellschaftsrelevant wurde. Alice Schwarzer wies in ihrem 70er-Jahre-Buch *Der kleine Unterschied und seine großen Folgen. Beginn einer Befreiung* auf das Beispiel einer 39jährigen hin, die vor dem Scheidungsrichter angab: »Der letzte Verkehr meines Mannes mit mir war am 26. April, mein letzter mit ihm vor neun Jahren.« Für die alltägliche Auseinandersetzung mit den männlichen Genossen half zuweilen der Rückgriff auf Alexandra Kollontai, die zur Zeit der Russischen Revolution forderte, aus dem Liebesgefängnis auszubrechen: »Die Frau muss lernen, die Liebe nicht als den Lebensinhalt ihres Lebens, sondern als eine Stufe, als eine Möglichkeit ... anzusehen. Möge sie lernen, wie der Mann aus einem Liebeskonflikt nicht mit gebrochenen Flügeln, sondern mit gestählter Seele hervorzugehen.«

Im Verlauf der Geschlechtertheorie wurde Simone de Beauvoirs Utopie einer vom Sexismus befreiten Gesellschaft der natürlich zweigeteilten und versöhnten Menschheit von Frau und Mann einer radikalen Kritik unterzogen. Angeheizt von futuristischen Visionen und Science Fiction entwarf beispielsweise Shulamith Firestone die Utopie einer Gesellschaft, in der die biologische Möglichkeit der Frau zu gebären aufgelöst ist. Im kybernetischen Femina-Kommunismus soll das Kindergebären von der Technologie übernommen werden, Automation die Hausarbeit erledigen. Firestone ging noch marxistisch und revolutionär gesonnen von einem radikal durch den Klassenkampf aufgehobenen System von sozialen Beziehungen aus und übertrug diese Aufhebungs- und Auflösungstendenz aufs »sexuelle Klassensystem«. Denn so wie »das Ziel der sozialistischen Revolution nicht die Abschaffung des ökonomischen Klassenprivilegs, sondern der Klassen selbst war«, so könne das Ziel einer feministischen

Revolution nicht etwa nur »die Beseitigung männlicher Privilegien sein, sondern nur das Ende der Geschlechterunterschiede«. Dabei wusste sie, dass man Antworten auf die biologische Seite des Geschlechterverhältnisses geben muss. Die Abschaffung der Schwangerschaft bedeutete für Firestone den wichtigsten Inhalt feministischer Politik, weil vor allem sie die Rollenzuweisung und den Sexismus hervorbringt: »Ich will es ganz deutlich sagen: Die Schwangerschaft ist barbarisch.«

Auf eine andere Weise hat übrigens auch die Andy-Warhol-Attentäterin Valerie Solanas eine böse und wenig wünschenswerte Antwort auf den biologischen Ursprung sexistischer Unterdrückung der Frau in ihrem kaum ernstzunehmenden S.C.U.M-Manifest von 1968 gegeben, in dem die Abschaffung der männliche Physis propagiert wird. Der *März*-Verlag brachte 1969 dieses *Manifest der Gesellschaft zur Vernichtung der Männer, SCUM* heraus. Auch der zweifelhafte Papst des Feminismus Ernest Bornemann formulierte in seinem Standardwerk *Das Patriarchat* von 1975 eine solche Haltung:

> »Die Befreiung der Frau kann nur durch die Befreiung von der Geschlechtlichkeit erfolgen. Einerlei welche Rechte sie sich erkämpft, einerlei wie weit es ihr gelingt, die Vorurteile gegen sie abzubauen, einerlei wie weit die Angleichung der Löhne beider Geschlechter fortschreitet, drei biologische Benachteiligungen bleiben vorerst noch erhalten: Menstruation, Schwangerschaft, Verwundbarkeit der Mammae. Ehe wir nicht alle drei beseitigt haben, kann es keine Gleichberechtigung geben.«

Reimut Reiche rückt heutzutage und rückblickend die letzte Aussage in den Bereich des männlichen Vaginalneids und beklagt, diese Aussage sei nur vorgeblich »feminophil-revolutionär«, sie propagiere eine »psychochirurgische Vision« »zur Totalkastration der Frau im Namen der Revolution«.

Brüche wie Kontinuität zu diesem Denken weisen die heutigen *Gender*-Theorien auf, die in Bezugnahme und

Nachfolge von Judith Butler auf die Zweigeschlechtlichkeit ganz verzichten wollen und einer absoluten Geschlechtslosigkeit das Wort reden. Kontinuität besteht im Willen, das Geschlecht zum Verschwinden bringen zu wollen. Der Bruch besteht in der Akademisierung und dem Abrücken von radikaler Gesellschaftskritik und Revolutionshoffnung. Zudem umschifft man meistens die lebensweltlich relevanten Fragestellungen, die stets im Zentrum von Geschlechterkämpfen standen: Wer verhütet, wer bestimmt über (eben doch unterschiedlich gestaltete) Körper, wer bestimmt über neues Leben?

Dieser neueste Feminismus scheint trieb-, biologie- und naturvergessen zu sein und trachtet danach, alles in Diskurs aufzulösen. So bewerkstelligt diese aus den Universitäten, also den Orten der sublimierenden Textproduktion kommende Denkschule eine merkwürdige Verdrängung von Kämpfen rund um den Körper. Radikale Vertreterinnen und Vertreter behaupten einfach, dass *sex* nicht mehr als *gender* sei. Was ist damit gewonnen? – außer dass der in der Regel unterschiedlich beschaffene Körper aus der Diskussion verdrängt wird, wo dieser doch mal als unterschiedlicher, auch divers begehrender entdeckt wurde – gegen verordnete Unwissenheit und die Verdrängung und Einhegung der Körperlichkeit und ihre abgespaltene Behandlung in professionalisierten Institutionen.[19]

---

19 Vgl.: Shulamith Firestone, Frauenbefreiung und sexuelle Revolution, Frankfurt am Main 1975; Valerie Solana, Manifest der Gesellschaft zur Vernichtung der Männer, SCUM, Darmstadt 1969; Ernest Bornemann, Das Patriarchat. Ursprung und Zukunft unseres Gesellschaftsmodells, Frankfurt am Main 1975

Aus der Krankheit eine Waffe machen

Was ist normal, was ist krank? Die bürgerliche Gesellschaft gibt vor, Bescheid zu wissen, und betreibt damit in Form der klassischen Psychologie wie der Medizin-Soziologie das Geschäft der Verschleierung der Pathologien der kapitalistischen Produktionsweise. Wenn es nicht so rassistisch klingen würde, könnte man konstatieren, dass die über Normalitätsbegriffe Herrschenden wie Medizinmänner um Fetische herumtanzen: das Betriebsklima soll optimiert werden, Mobbing soll qua Mediation verbannt werden, allerhand Kügelchen und Pillen sollen Abhilfe schaffen. Nicht die sozialen Beziehungen und der Mensch als soziales Wesen stehen hier im Vordergrund, sondern das verselbstständigte Prinzip ›Gesundheit‹. Und dieses ist mit Produktivität gleichgesetzt. Der große Mann der Soziologie, Talcott Parsons, meinte schließlich auch, dass Gesundheit der Zustand optimaler Leistungsfähigkeit des Individuums sei. Einen ersten Befreiungsschlag dagegen stellte die Entdeckung des Psychosomatischen dar. Alexander Mitscherlich stellte heraus, dass Krankheit als Konflikt zu betrachten sei, sein psychosomatischer Krankheitsbegriff will Krankheit als Ausdruck der Nichtübereinstimmung mit gesellschaftlichen Forderungen kenntlich machen. Nach der Wiederbelebung der Kapitalismuskritik um 1968 wurde der Zusammenhang von Krankheit, dem Psychischen und den gesellschaftlichen Strukturen weiter erhellt.

Dieter Duhm widmete sich der Angst im Kapitalismus und machte das Leistungsprinzip und das Konkurrenzprinzip als Quelle der Angst aus. »Politische Revolution ohne innere Revolution«, so seine auch auf das 68er-Milieu gemünzte Bemerkung, »ist Konterrevolution«. Doch mit der inneren Revolution war es auch nicht so leicht. Die *Aktions-Analytischen-Kommunen* des österreichischen Aktionskünstlers Otto Mühl waren überdrehter Nonsens, genauso wie der Baghwan-Kult ehemaliger Linker. Auch in dieser Hinsicht setzten die 70er Jahre den Sargdeckel auf Prozesse und Erkenntnisse, die 68 auf der Tagesordnung standen, und das durchaus zurecht, denn sie zielten zum Teil explizit auf eine Erweiterung des Materialismus ab. Marx' Verelendungstheorie, meinten einige, sei so falsch nicht und träfe auch auf die Metropolen zu, wenn man die Verelendung auf die psychische Dimension beziehe. Das Heidelberger Patientenkollektiv SPK machte die psychisch Verelendeten gar als Klasse mit den radikalsten Ketten aus und wollte Krankheit nicht nur als Konflikt begreifen, sondern als Waffe, um die verkehrten, krankmachenden Verhältnisse zu sprengen.

Die Antipsychiatrie-Bewegung war auch in England und in Italien präsent, wo sie von vornherein als breitere gesamtgesellschaftliche Bewegung auftauchte und sich so auch am längsten halten konnte.

An der Psychiatrischen Universitätsklinik Heidelberg war seit 1964 Dr. Wolfgang Huber als Arzt und Wissenschaftler beschäftigt. Sein Anliegen war, die Sicht der Patienten ernst zu nehmen und auf die Aufhebung ihrer systembedingten Objektrolle hinzuarbeiten. Das Arzt-Patienten-Verhältnis sollte abgeschafft werden, die Psychiatrie als einschließende Institution der repressiven Normalisierung auch. Therapie sollte mit politischer Agitation zusammenfallen, wobei die Einsicht in das verallgemeinerte unglückliche Bewusstsein das neue Klassenbewusstsein darstellte. 1970 trat das *Sozialistische Patientenkollektiv* als erste Patientenvollversammlung der Welt öffentlich hervor und stellte alles Bestehende infrage, nicht zuletzt auch die Zustände in der Psychiatrischen Poliklinik selbst. Das SPK stürzte kurz darauf den Prorektor der Universität für Medizin, was die fristlose Kündigung Hubers zur Folge hatte. Damit waren nicht mehr nur die Universitäten Orte der Auseinandersetzung, sondern auch die Kliniken: es kam zu Hungerstreiks, Besetzungen von Dienstzimmern, zahllosen Go-Ins, Sit-Ins und Teach-Ins.

Auf Betreiben der Ärzte wollten Polizei und Regierung 500 SPK-Patientinnen und -Patienten wieder der Medizin einverleiben. Niemand war dazu bereit. Doch Repression und innere Absetzbewegungen führten zur Auflösung des SPK. Nach der Selbstauflösung wurden Wolfgang Huber und Ursel Huber 1972 verurteilt, und zwar zu je viereinhalb Jahren Gefängnis. Aus dem Gefängnis heraus wurde die *Patientenfront* (PF) ausgerufen. Man wollte nun einen Klassenkampf zwischen Ärzteklasse und Patientenklasse ausgemacht haben und behauptete, dass dort der fundamentale Antagonismus in der Gesellschaft liegen würde. Zeichnete die RAF die Gesellschaft zuweilen als Knast, so war sie für das SPK eine einzige Klinik. Nicht alles an dieser Beobachtung ist falsch, wenn sie im Kern auch nicht richtig ist. Auch ist die Behauptung einer einzigen Klasse von Patienten eine Chimäre. Denn schließlich kann man immer noch von einer höheren Neurosenrate in der Mittel- und Oberschicht ausgehen – auch als ein Zeichen von Klassenprivileg, wogegen sich die Unterklasse bestimmte ›harmlose‹ psychische Leiden schlichtweg nicht leisten kann. Psychotischer Zusammenbruch, Klinikaufenthalt und Zwangseinweisung sind hier eher wahrscheinlich als die wohlgepflegte Melancholie. Legendär wurde, dass der letzte französische Intellektuelle alten Schlags, Jean-Paul Sartre, das theoretische Manifest des SPK/

PF mit dem Titel *Aus der Krankheit eine Waffe machen* mit einem ambitionierten Vorwort versah.

»Nach Engels und Sartre ist SPK/PF(H)-Huber der erste, der es geschafft hat, die Entfremdung materialistisch in den Griff zu bekommen, nämlich als Krankheit«, verkündete so auch ein antipsychiatrisches italienisches Kollektiv in seinen Thesen über Krankheit.

Auch der neue Intellektuelle der französischen Szene, Michel Foucault, der den Tod des alten Intellektuellen, des Subjekts, der Wahrheit und alles möglichen anderen ausrief, setzte sich kritisch mit dem scheinbaren Gegensatzpaar Gesundheit und Krankheit auseinander. Seiner Definition zufolge hebt die Krankheit die komplexen, wenig stabilen und dem Willen unterliegenden Funktionen auf, indem sie die einfachen, stabilen und automatischen Funktionen steigert. Ist Krankheit die Flucht vor dem Überkomplexen in das Klare oder nur der Widerschein der kapitalistischen Regressionsmaschinerie? Wie so vieles bleibt auch das bei Foucault im Dunkeln. Nach Foucault reflektiert nicht die Diagnose auf die Krankheit, sondern konstruiert sie erst. Im wissenschaftlichen Diskurs wird die Wahrheit über die Krankheit autoritär abgesichert. Die Bewegungen der europäischen Anti-Psychiatrie-Kämpfe und der Anti-Knast-Kämpfe der 70er fanden in Foucaults politischen Schriften ihren theoretischen Widerhall. Auch der französische Philosoph Gilles Deleuze und der Psychiater Félix Guattari knüpften daran an und übten ihren Generalangriff auf die Psychoanalyse, der darin gipfelte, ein durchgängig positives Bild des »Schizos« zu zeichnen und zu verkünden, dass sich der Arzt nicht substanziell vom Kranken unterscheide. Das Begehren sollte nicht kontrolliert, sondern freigesetzt werden: Alles soll strömen, fließen, sich vom Gedächtnis befreien und »deterritorialisieren« – Deleuze/Guattaris kritisch gemeinte Reflexionen könnten als nichts anderes als das Nachzeichnen eines »verrückt« gewordenen Kapitalismus interpretiert werden, stets *on the move*, etwas manisch und nicht mehr fähig, eine einheitliche Ideologie und Kohärenz anzubieten. Der Umschlag von Kritik in Affirmation wird in der Postmoderne am deutlichsten. Allein die Lust an derartigem Gefährlichdenken scheint die Postmoderne als linksradikal auszuweisen.[20]

---

20 Vgl.: Sozialistisches Patienten Kollektiv, Aus der Krankheit eine Waffe machen. Eine Agitationsschrift des Sozialistischen Patientenkollektivs an der Universität Heidelberg. Mit einem Vorwort von Jean-Paul Sartre, München, 1972; Gilles Deleuze und Felix Guattari, Anti-Ödipus. Kapitalismus und Schizophrenie I. Frankfurt 1974; Michel Foucault, Wahnsinn und Gesellschaft. Eine Geschichte des Wahns im Zeitalter der Vernunft, Frankfurt am Main 1969

Alter und neuer Linksradikalismus

Es gab einmal eine Zeit, da trug ein Bestseller den Titel
*Linksradikalismus. Gewaltkur gegen die Alterskrankheit des
Kommunismus.* Die Gebrüder Cohn-Bendit, über deren weiteren Lebensweg man kaum Worte verlieren muss, erklärten
darin die Spontaneität und Selbstorganisierung der Massen
zu ihrem Anliegen. Das Parteikonzept der Bolschewiki lehn-
ten sie ab und empfahlen die Auseinandersetzung mit Rosa
Luxemburg, der linksradikalen KAPD und Anton Pannekoek. Damals konnte aber kaum jemand etwas mit dem
Namen des holländischen Rätetheoretikers anfangen. Dessen Erforschung erfolgte erst in den 70er und 80er Jahren.
Eine *Projektgruppe Räte* erklärte im März 1968 im Vorwort
ihres Raubdrucks mit dem Titel *Parlamentarismusdebatte*,
sie wolle mit ihrer Veröffentlichung dazu beitragen, dass
die antiautoritäre Bewegung nicht auf die Strategie einer
»Wahlbeteiligung an den Bundestagswahlen 1969« verfalle.
Sie präsentierten dafür unter anderem Texte von Pannekoek:
konzise Abrechnungen mit dem Parlamentarismus. Das historische Material zeige, so die unbekannten Herausgeber, wie
dieser die »soziologische Umwandlung der proletarischen
Partei in eine Führerpartei« bewirke.

Bekannt waren 1968 nur bei Insidern Pannekoeks *Thesen
über den Bolschewismus* und seine Auseinandersetzung mit
Lenin als Philosoph, die diesen als im Kern bürgerlichen Den-
ker darstellt. Hans Manfred Bock, der einmalige Kenner des
historischen Linksradikalismus, Linkskommunismus und
Rätekommunismus brachte im *Verlag Neue Kritik* 1969 die

zentralen Schriften von Gorter und Pannekoek unter dem Titel *Organisation und Taktik der proletarischen Revolution* heraus und versah sie mit einer langen, kundigen Einleitung. Sein Hauptwerk *Die Arbeiterräte* entstand zum größten Teil 1941/42, konnte jedoch nicht gelesen werden. Warum? Nach dem Krieg wollte der in Berlin lebende Rätekommunist Alfred Weiland eine Übersetzung besorgen und veröffentlichen. Doch daraus wurde nichts: Die Druckkosten waren zu hoch, ein Manuskript verschwand, und Weiland selbst rückte in den Fokus der Staatsorgane. Am 11. November 1950 wurde Weiland im Auftrag der sowjetischen Staatssicherheit entführt und wegen der Gründung einer »verbrecherischen Organisation unter der Bezeichnung ›Internationale Sozialisten‹« in der DDR zu fünfzehn Jahren Zuchthaus verurteilt. 1956 wurde er vorzeitig entlassen, das Manuskript blieb aber lange Jahre verschwunden. Erst seit 2008 liegt nun das ganze Werk des holländischen Revolutionärs vor.

Anton Pannekoek entstammte dem linken Flügel der niederländischen Vorkriegs-Sozialdemokratie. Er war 1914 Antimilitarist, sprach sich für Massenstreiks aus und begrüßte anfangs die Russische Revolution mit den sich in ihr artikulierenden Räten. Die Politik der Bolschewiki lehnte er allerdings in der Folgezeit vehement ab. Als die KPD im Herbst 1919 ihren linken Flügel ausschloss und dieser 1920 *die Kommunistische Arbeiterpartei* (KAPD) gründete, unterstützte Pannekoek diese Strömung, mit der er auch lebhaft kommunizierte. *Die Arbeiterräte* enthält eine kommunistische Gesellschaftskritik vom Standpunkt rätekommunistischer Positionen aus: Die Arbeiter sollten sich in Räten organisieren, um ihre Belange selbst in die Hand zu nehmen. Pannekoek ging davon aus, dass die Arbeiterräte als Form der Selbstregierung »in den kommenden Zeiten die Regierungsform der alten Welt ersetzen« werden. In den Arbeiterräten sei die im bürgerlichen Parlamentarismus enthaltene Trennung zwischen Politik und Wirtschaft aufgehoben. Mittels der Arbeiterräte würde gemeinschaftlich produziert, und die Gesellschaft sei dadurch in der Lage, »ein zusammenhängendes Ganzes, für das die Gesamtheit der Arbeiter zu sorgen hat und das als gemeinsame Aufgabe alle ihre Gedanken beschäftigt hält«, herauszubilden.

Neben Pannekoek zu nennen wäre noch Hermann Gorter mit seinem *Offenen Brief an den Genossen Lenin,* der eine Antwort auf Lenins Polemik *Der Radikalismus, eine Kinderkrankheit des Kommunismus* von 1920 war. Gorter war einer der wichtigsten Vertreter des Linkskommunismus und hatte in der Kommunikation zwischen holländischen Rätekommunisten und deutschen Linksradikalen der KAPD eine wichtige Scharnierposition inne. Gorter kritisierte an Lenins Revolutionstheorie die herausposaunte Allgemeingültigkeit; dass das, was in Russland geschehen ist, »internationale Geltung« haben soll, wie Lenin in Erfolgseuphorie verkündete, provoziert seinen größten Einspruch. »Sie urteilen, wie ich glaube, nicht richtig über die Übereinstimmung der westeuropäischen Revolution mit der russischen«, denn in Westeuropa sind die Bauern eine verschwindende und keineswegs revolutionäre Kraft, die Arbeiter werden ganz alleine die Revolution machen müssen. Die Politik der Linksradikalen stärkt die Ansicht, dass »auf sie alles ankommt, dass sie von fremder Hilfe anderer Klassen nicht, von Führern wenig, von sich selbst aber alles erwarten sollen«. In Holland und Deutschland suche man die richtigen Führer, die »nicht über die Massen herrschen wollen und die sie nicht verraten, und solange wir diese nicht haben, wollen wir alles von unten auf und durch die Diktatur der Massen selbst«. 1973 wurde im *Verlag Association* diese Schrift wiederaufgelegt, mit einem die Räteprozesse in Chile zu dieser Zeit reflektierenden Vorwort. Darin wurde der »Rückgriff auf die Rätebewegung als ›Produktionsmotor‹ in einer ansonsten weitgehend akzeptierten kapitalistischen Produktion« verabschiedet und die Revolutionäre Gorter und Lenin mit ihren Diskussionen als einer anderen historischen Etappe zugehörend historisiert. Außerdem hätten die Rätetheoretiker diese Organisationsform just in einem Moment entdeckt, wo der Träger dieser Selbstorganisationsbewegung des Proletariats am Verschwinden war: der Facharbeiter mit seinem Produktionswissen und Berufsstolz:

> »Wenn Gorter als Sprecher der KAPD und unter ausdrücklicher Bezugnahme auf diese Partei Lenin in Fragen des Parlamentarismus und der Gewerkschaften als Rechtsopportunisten angreift, steht er Lenin in den entscheidenden Fragen des Arbeitskampfes allerdings näher, als ihm lieb ist: beide konnten keine Antwort auf die neue Politik des Kapitals in Westeuropa für eine neuen revolutionären Arbeiterkampf geben: Gorters System einer sozialistischen Gesellschaft auf Rätebasis versagte in dem Moment, als das Kapital daran ging, seine Grundlage, den Facharbeiter, zu zerstören; Lenin hatte hier viel weniger Skrupel: mit der historischen Aufgabe betraut, den Kapitalismus in Rußland erst einmal durchzusetzen, organisierte er die Wirtschaft gleich nach den modernsten Erkenntnissen des Kapitals: nach Taylor und Ford.«

Die Neue Linke sei vor allem von den Begriffen der Autonomie und der direkten Demokratie fasziniert gewesen und stülpte den neuen Bewegungen gerne den historisch überholten Begriff der Rätebewegung über, so die Herausgeber von Gorter.

Tatsächlich beinhaltete der Rätekommunismus immer auch mehr als die Idee von Selbstorganisation der Produktion durch Facharbeiter, die von ihrer Tätigkeit noch nicht entfremdet sind. Mit der Rätebildung musste immerhin für Gorters Genossen Pannekoek ein kulturrevolutionärer Prozess einhergehen, der die vollständige Umwälzung des geistigen Lebens bewirkt. Die »neue Ordnung«, die er anstrebt, soll von unten wachsen, »aus den Betrieben, aus Arbeit und Kampf zugleich«. Als Pannekoek dies schrieb, war der Zweite Weltkrieg in vollem Gange. Für Pannekoek formierte sich darin ein weltweiter Block gegen die Arbeiterklasse und ihren Willen zur Autonomie. Sowohl US-amerikanischer New Deal, italienischer Faschismus und deutscher Nationalsozialismus, aber auch der Stalinismus in der Sowjetunion müssten als »Feinde« der Selbstbefreiung des Proletariats begriffen werden. Die Arbeiter sollten nicht die bürgerliche Demokratie mit der wahren Demokratie der in Räten organisierten Produzentendemokratie verwechseln. Der niederländische Astronom und Astrophysiker, nach dem sogar ein Astroid und ein Mondkrater benannt wurden, stellte den sowjetischen Kommunismus stets als Staatskapitalismus dar, der mittels einer Einparteienherrschaft autoritär abgesichert werde. Die Sowjetunion fände ohnehin nur unter westlichen Intellektuellen noch Beachtung. Denn die Klasse der Intellektuellen »fühlt sich dazu berufen, die gesellschaftliche Produktion in einem organisierten Prozeß anzuleiten, die Vorherrschaft einer parasitären Bourgeoisie abzuwerfen und selbst über die Gesellschaft zu herrschen« – also das zu tun, was in der Sowjetunion passiert sei. Für die Zeit nach dem Krieg prophezeite er, dass die »Ausbeutung durch eine herrschende Klasse von Funktionären« organisiert werde, flankiert durch den Staat als allmächtigem Gebieter.

Die deutsch-holländische Schule des Rätekommunismus findet interessanterweise keine Erwähnung in Dutschkes Literaturüberblick. Rosa Luxemburgs »innerhalb der Komintern so verdammte ... Spontaneitätstheorie« sei zu Beginn von Lenin praktiziert worden, »der diese nicht erwartete Spontaneität der proletarischen Fabrikkomitees in der ersten Zeit begeistert unterstützte«, bevor er sich »unkritisch am Bild der während des Krieges in Deutschland praktizierten

Form der staatkapitalistischen Zentralwirtschaft« orientierte. An einer Verabsolutierung des Spontaneitätsgedankens hatte Dutschke wenig Interesse, schließlich räumte er bereits 1966 ein: »Das spontane revolutionär-syndikalistische Bewußtsein erwies sich als unfähig, von sich aus das betriebliche in ein gesamtgesellschaftliches Bewußtsein zu transzendieren, war auch nicht in der Lage, die darniederliegende Produktion wiederaufzurichten.« Nichts konnte man also schlicht als Modell übernehmen. Rudi Dutschke, Bernd Rabehl und Christian Semler diskutierten so im *Kursbuch 14* von August 1968, wie sich Berlin in eine rätedemokratische Kommune verwandeln ließe. Über dem Gespräch schwebten die Ideen Lenins, Luxemburgs und Pannekoeks. Doch damit folgten die Diskutanten zu sehr der alten Arbeiterbewegung, sodass Hans Magnus Enzensbergers kluge Nachfrage verständlich war:

> »Ich sehe in der Gesellschaftsstruktur, die ihr hier entwerft, mit Kollektiven, die auf die Betriebe hin zentriert sind, einen naiven Fabrikglauben. Könnt ihr euch nicht vorstellen, dass die Menschen eines Tages die Fabrik loswerden wollen, dass ihre Produktivität sozusagen in den Alltag einwandern könnte?«

Auch heute, in einer Zeit zugespitzter kapitalistischer Krisenprozesse, Revolten und Bewegungen, werden diese Fragen wieder diskutiert, wie von der Berliner Gruppe *Freundinnen und Freunde der klassenlosen Gesellschaft*, die jüngst erklärten, die an den Betrieb gekettete Form der Räte sei historisch obsolet, wolle man Staat und Kapitalismus überwinden:

> »In den Kämpfen der letzten Dekaden hat sich aber auch keine andere Form herausgeschält, die auf ein nicht länger staatlich verfasstes Gemeinwesen hindeuten würde. Die jüngeren Platzbesetzungen sind ein zeitgemäßes, der Fragmentierung der lohnabhängigen Klasse entsprungenes *Mittel des Kampfes*, aber im Unterschied zu den Räten nicht zugleich *Vorschein einer neuen Einrichtung der Gesellschaft*: Die Versammlungen auf den Plätzen glichen einem großen Parlament,

in dem sich jeder, im begründeten Misstrauen gegenüber der offizi-
ellen Politik umso entschiedener an der eigenen Identität als Bürger
festhaltend, kurzerhand selbst vertritt; getrennt von der Produktion,
also den entscheidenden Hebeln zur materiell-praktischen Gesell-
schaftsveränderung, erschöpften sie sich in einem ziel- und endlosen
Palaver, an dem allen Beteiligten recht bald die Lust verging.«[21]

---

21 Vgl.: Daniel Cohn-Bendit, Linksradikalismus – Gewaltkur gegen
    die Alterskrankheit des Kommunismus, Reinbek bei Hamburg
    1968, Anton Pannekoek, Lenin als Philosoph, herausgegeben von
    Alfred Schmidt. Frankfurt am Main 1969; ders., Neubestimmung
    des Marxismus 1, Diskussion über Arbeiterräte, Einleitung Cajo
    Brendel, Berlin 1974; Ein Gespräch über die Zukunft mit Rudi
    Dutschke, Bernd Rabehl und Christian Semler, in: Kursbuch 14,
    August 1968, Kritik der Zukunft, (Hrsg. H. M. Enzensberger),
    Berlin 1968, Projektgruppe Räte, Berlin (Hrsg.): Parlamentaris-
    musdebatte. Mit Beiträgen von Pannekoek, Lukács, Friedländer
    (d. i. Ernst Reuter), Rudas und einem Vorwort der Projektgruppe,
    Berlin 1968; Hermann Gorter, Offener Brief an den Genossen Le-
    nin. Eine Antwort auf Lenins Broschüre *Der linke Radikalismus
    – die Kinderkrankheit im Kommunismus*, Einleitung: Die Rätebe-
    wegung und der Marxismus der 2. Internationale, Hamburg 1973

Sartre, *Socialisme ou barbarie* und der Operaismus: Die Entdeckung der Klasse

Jean-Paul Sartre führte in den 50er Jahren eine Diskussion mit Claude Leford, einem Vertreter der rätekommunistischen Strömung, die für die 60er-Jahre-Debatte über das Verhältnis radikaler Intellektueller zur Arbeiterklasse zentral sein sollte. Für den Sowjetmarxismus war die Arbeiterklasse nur noch verbaler Bezugspunkt, um die eigene Nomenklatura-Vormachtstellung zu legitimieren. Dagegen setzten Rätekommunisten das tatsächliche Arbeiterverhalten, vor allem die Tendenzen zu Rätebildungen jenseits von der Parteidiktatur: Die Räte sollten Kern der Diktatur des Proletariats sein, nicht die Partei. Sartre war dagegen lange Zeit orthodoxer Anhänger der Sowjetunion unter Stalin. Der erste Bruch mit der Politik der Sowjetunion ereignete sich mit der Niederschlagung des Ungarn-Aufstandes 1956. Sartre arbeitete sich seitdem peu a peu aus einem nur oberflächlich rezipierten Marxismus heraus, den er als Legitimationswissenschaft der Sowjetunion in den frühen 50er Jahren selbst teilweise vertrat und schließlich überschreiten wollte. Die Debatte um und mit Sartre hatte für die Entwicklung des marxistischen Denkens in den 60er Jahren eine wichtige Funktion. Sie wurde nicht bloß in Frankreich geführt, sondern prägte auch die Diskussionen der Studentenbewegung in Italien und Deutschland. Es ging im Kern darum, was man für einen Begriff von Arbeiterklasse hat und in welchem Bezug die Arbeiterklasse zur revolutionären Umgestaltung der gesellschaftlichen Realität steht. Sartres 1952 veröffentlichte Schrift *Die Kommunisten und der Frieden* ist ein Dokument, das am deutlichsten seine Weggenossenschaft mit der Sowjetunion und der Kommunistischen Partei darlegt. Sie wurde aus diesem Grund von undogmatischen Marxisten der damaligen Zeit scharf kritisiert. Die Rolle der Selbstemanzipation solle an die Partei abgegeben werden, selbst wenn diese die falsche Philosophie predige: so lassen sich die prominentesten Gegenstimmen, von dem ehemaligen Trotzkisten und Mitbegründer der rätekommunistisch inspirierten Gruppe *Socialism ou Barbarie*, Claude Leford, und von Sartres langjährigem Freund, Maurice Merleau-Ponty, zu dieser Schrift zusammenfassen. Sartre zeigt sich in der Schrift *Die Kommunisten und der Frieden* als treuer Fellow-Traveller der kommunistischen Partei und ihrer Ideologie. Was Arbeiterklasse ist, bestimmt die Partei, ohne Letztere kann es Erstere gar nicht geben. Jegliche Form der Spontaneität der Klasse, der Autonomie im Klassenkampf wird von ihm geleugnet. Sartre stellt sich eine träge Entität, mehr Masse als Klasse vor, die der Formierungsleistungen der Partei bedarf, um wirklich erst Klasse zu sein. Claude Leford kritisiert das von Sartre aufgestellte Identitätsprinzip, das Klasse und Partei gleichsetzt. Bevor die Klasse und die Klassenzusammensetzung untersucht wurde, postuliere Sartre bereits eine »Klasseneinheit«, die mittels der Partei von außen in einem »synthetischen Vereinigungsakt« erzwungen werden soll.

Die Klasse ist bei Sartre nicht eine gehemmte Begierde, nicht die Verkörperung der lebendigen Arbeit, die aufgrund der Herrschaft und Formbedingtheit des Kapitals gezwungen ist, ihre Arbeitskraft zu verkaufen. Ihre Praxis wird von Sartre als vollends fremdbestimmt gezeichnet, und damit kommt ihr bei Sartre auch nicht die Möglichkeit zu, eine das Bestehende transzendierende Kraft zu sein. Diese muss vor diesen Prämissen von außen kommen, muss von der herrschenden Praxis radikal verschieden sein, und sie kann nicht positiv, sondern nur negativ und negierend sein.

»Der Arbeiter wird in eben dem Maße zum Proletarier, in dem er seine Lage ablehnt«, sagt Sartre. Aus der »Lage« selbst erwächst förmlich nichts. Leford stellt sich in seiner Kritik vom April 1953 auf den anderen Standpunkt der Kritik, für ihn ist – den Marx'schen Feuerbachthesen folgend – Praxis nicht aufteilbar in revolutionär-negierende und erhaltend-positive Praxis, sondern sie ist stets eine unteilbare. Sie beinhaltet auch die Negation und die Möglichkeit des Transzendierens. Leford vertritt in seinem Essay *Der Marxismus und Sartre* die Position, dass in der Tätigkeit des Arbeiters bereits die Möglichkeit der Veränderung gegeben ist. Sartres Perspektive erscheint ihm als Maschinenstürmerei, denn »die revolutionäre Tätigkeit ist eine Arbeit an der Gesellschaft«. Leford bezieht sich tatsächlich korrekt auf den Praxisbegriff des frühen Marx. In diesem Praxisbegriff lässt sich die die herrschenden Zustände konstituierende Praxis nicht von kritischer Praxis unterscheiden. Für Marx gibt es nur die eine Praxis, die auf lange Sicht die herrschenden Verhältnisse auflösen wird, weil sie im Wechselverhältnis von Produktivkraftentwicklung und bestehenden Produktionsverhältnissen angesiedelt ist. Leford bezieht sich so auch auf die *eine* proletarische Praxis und konkretisiert sie. Er spricht nicht von einer reformistischen und einer ganz anderen, revolutionären Arbeiterbewegung, sondern er stellt dar, dass reformistische und revolutionäre Kämpfe vor dem Hintergrund der sich wandelnden Arbeitererfahrung die *eine* Arbeiterbewegung des 19. und 20. Jahrhunderts begleiten. Klasse ist voll und ganz determiniert durch die Produzentenrolle. Die Produzentenpraxis ist stets auch überschreitende Praxis. Bei Sartre dagegen scheint die Praxis von außen an die bloß das Bestehende produzierende Klasse herangetragen werden zu müssen – durch die Partei oder später: die revolutionäre Gruppe.

Denn die technische Konzentration, die Kooperation der Arbeitenden in der Fabrik, die ständige Umwälzung der Technik sind für Sartre noch kein hinreichender Grund, die Klasse als spontan und revolutionär zu bezeichnen. Er betonte stets den Bruch mit dem Bestehenden. Die Tendenz des Kampfes gegen die serielle Fließband- und Fabrikarbeit wollte und konnte Sartre noch nicht in den Kämpfen der Arbeiterklasse selbst erblicken. Erst der italienische Operaismus, eine Mischung aus leninistischem Marxismus und Industriesoziologie, sah in dem Kampf der fordistischen Massenarbeiter gegen das Fließband eine Tendenz zur Abschaffung der entfremdeten und ausbeuterischen Arbeit.

Bei Leford und seiner Gruppe *Socialism ou Barbarie* nahm diese philosophische Debatte eine praktische Wendung: Man muss in die Fabrik gehen, um zu verstehen, was auf dem Markt vor sich geht. Man muss das Verhalten der Arbeiter in der Kooperation untersuchen, um zu sehen, wo transzendierende Praxis situiert ist, radikale Veränderung von unten sich aufdrängt. Schließlich entwickelten sich aus diesem Appell auch die ersten Arbeiter- und Fabrikuntersuchungen von *Socialism ou Barbarie*, die später durch den italienischen Operaismus beerbt wurden. Selbst in der BRD wurden als Spätfolge dieser Debatten Betriebsgruppengründungen nach 1969 angeregt.

Die Frage von Sartre nach dem Bewusstsein, nach dem gewollten Sprung aus den vorherrschenden Formen, nach einem radikalen Bruch mit dem Vorherrschenden bleibt nach wie vor die Stärke seines Entwurfs einer Theorie der Befreiung. Denn alle Untersuchung des wirklichen Arbeiterverhaltens und der in der Produktion ausgeübten Praxis hat noch keine klare Bewegung in Richtung Kommunismus offenbart.

Im Juni 1972 erscheint die Nr. 40 der Göttinger Studentenzeitschrift *Politikon* mit dem Schwerpunkt »Räte, Klassenkampf und Selbstorganisation«. Zu den Räten in Deutschland hieß es im Editorial:

> »Die Wiederaufnahme der Diskussionen um Selbstverwaltung und Räte in den westeuropäischen Klassenkämpfen (...) verweist auf die Notwendigkeit einer Neuformulierung der Theorie der proletarischen Revolution unter den Bedingungen des Spätkapitalismus, eine Neuformulierung, die auf eine Differenzierung und Vertiefung der Marxschen Analyse entfremdeter Arbeit und die Einsicht in die emanzipativen Dimensionen vorsichgehender Klassenkämpfe sich gründen muss«.

Um dies voranzutreiben übersetzten sie Andre Gorz' Text *Gewerkschaftlicher Kampf und Selbstverwaltung der Arbeiter. Zur Diskussion in der französischen Linken.* Und aus Frankreich wie Italien kam das Untersuchungsimperativ: Das Arbeiterverhalten und die Produktion muss untersucht, nicht bloß am Schreibtisch analysiert werden! Das wurde zum Imperativ des aus Italien stammenden Operaismus. Wie die extrotzkistische Gruppe *Socialism ou Barbarie* versuchten sich die Operaisten in einer Mischung aus Industriesoziologie und Marxismus, wobei die Herrschaftsförmigkeit des Ersteren und der Determinismus des Letzteren überwunden werden sollten. Historisch war die Situation günstig, weil der geplante Kapitalismus der Nachkriegszeit sozial pazifiziert und relativ krisenfrei daherkam und einige Unternehmen sich radikale Soziologen in den Betrieb holten, wie z. B. der Elektronikkonzern Olivetti. Dort stießen die marxistisch geschulten Soziologen auf einen Terror der Maschinerie und eine Renitenz der Arbeiter, die in der produktivkraftfetischistischen ML-Dogmatik nicht auftauchen durfte. In dem Zeitschriftenprojekt *Quaderni Rossi* veröffentlichten die Neomarxisten um Romano Alquati und Raniero Panzieri ihre Ergebnisse und kamen auch zu theoretischen Erneuerungen der Marx'schen Kritik. Die neuen Technikarbeiter sahen sich demnach konfrontiert mit den stupiden Arbeiten der fordistischen Großfabriken. Die Widersprüche des Arbeitsprozesses selbst wurden so als Ausgangspunkt der Kritik des Kapitalismus gewählt, und diese Kritik sollte nicht von außen formuliert sein, sondern als »Selbstkritik« in Form von Arbeiterfragebögen protokolliert werden. Diese waren als Beschreibung, Untersuchung, Aufklärung und Radikalisierung zugleich konzipiert und eine philosophisch-praktische Alternative zum leninistischen Klasse-an-sich-/Klasse-für-sich-Konzept, in dem sich eine Partei als großer Aufklärer dazwischenschieben muss. Die Theoretiker der Arbeiteruntersuchung reflektierten auf das Revival des Klassenkampfs in Form von wilden Streiks in Italien wie 1961 durch die Instandhaltungsarbeiter bei Fiat. 1962 kam es zu Massenarbeiterstreiks bei FIAT und Pirelli nach der Revolte auf der Piazza Statuo in Turin. Diese ging von den Fiat-Werken aus, mündete in einem großen Riot und stellte die erste Arbeiterrevolte im postfaschistischen Italien dar, an der sich einige junge PCI-Mitglieder beteiligten, die erhebliche Probleme mit ihrer legalistischen Partei bekamen.

Der neue italienische Linksradikalismus brach mit einigen italienisch-kommunistischen Gewissheiten: mit der Akzeptanz der in Jalta festgelegten Nachkriegsordnung, mit dem Sozialpazifismus der PCI, mit der Gramscianischen Vorstellung, Fließband-Fordismus wäre etwas sozialistisch anwendbares, mit dem orthodoxen Glauben, Technik sei neutral und der Sozialismus eine Planwirtschaft – denn der italienische Nachkriegskapitalismus war selbst eine solche. Anknüpfen konnte man an eine breite Unzufriedenheit mit dem Ausbremsen der autonomen Partisanenbewegung und einer ungebrochenen Arbeitermilitanz in den Betrieben. Nanni Balestrini lieferte den Roman und die Poesie zu den Kämpfen bei Fiat, übersetzt von Peter O. Chotjewitz – herausgebracht, wie viele operaistische Theoriebücher, durch den Münchner Trikont-Verlag: *Wir wollen alles*. Doch ohne Peter Gentes verlegerische Tätigkeit mit seinem *Merve*-Verlag wären wichtige Schriften der italienischen und französischen Debatte nicht in Deutschland bekannt geworden. Kurzfristige Fließbandarbeit bei Siemens in Berlin als Erfahrung im Rücken, eigene Schreibblockaden und die richtigen internationalen Kontakte animierten Gentes 1970 zur Gründung eines Kollektivs, das vornehmlich mit Blick über die Alpen die Debatten über neue Klassenkämpfe dokumentierte. Vor allem die Diskussionen der Gruppe *Il Manifesto* um Rossana Rossanda, die sich 1969 von der PCI abgespalten hatte, strahlten nach Deutschland aus. 70er-Jahre-Bücher von Antonio Negri, Jacques Rancière, Michel Foucault, Gilles Deleuze und Felix Guattari innerhalb der *Reihe Internationale Marxistische Diskussion* bei *Merve* führen nicht nur an neuere historiografische und marxistische Theorieentwürfe heran und machen die Wege einer neuen radikalen Sozialgeschichte oder eines Neomarxismus wie den postoperaistischen Bestseller *Empire* von Negri und Michael Hardt transparent, sondern sie erzielen in Antiquariatslisten deutlich stolzere Preise als die schlechte Renegatenliteratur Götz Alys.

Mario Tronti versuchte, den Marxismus wieder vom Kopf auf die Füße zu stellen, und wurde mit seiner Behauptung, dass die Arbeiter das Kapital antreiben und der Klassenkampf das Primäre ist zum Philosoph des Operaimus. Massimo Cacciari und Sergio Bologna, die Historiker der operaistischen Bewegung, stellten heraus, dass zum alten klassischen Facharbeiter auch das reformistische Bewusstsein und ein arbeitsfetischistischer Rätegedanke gehörte, währenddessen der neue Massenarbeiter, der fordistische »Fabrikaffe« vollends in der Arbeit entfremdet sei. Bei ihm liege kein Produzentenstolz vor, sondern der Wille zum Kampf gegen die Arbeit: Sabotage, Absentismus im Sinne bewussten Fehlens, wilde Streiks müssten demnach als aktuelle und ernstzunehmende Formen des Klassenkampfs beschrieben werden.

1969 gründete sich die neo-leninistische operaistische Partei *potere operaio*, um der Arbeiterautonomie auf die Sprünge zu helfen. Sie propagierte offen den Kampf um mehr Lohn als ein Zusammenfallen von ökonomischem und politischem Kampf, der die Mehrwertproduktion in die Krise treiben würde. Den operaistischen Aktivisten gelang es, einen Großteil der studentischen 68er-Bewegung für die Kämpfe der Arbeiter im »Heißen Herbst« 69 zu begeistern, sodass man sich in der großen Kampfzeit der italienischen Arbeiterklasse von 1969 bis 1973 gemeinsam vor den Werkstoren wiederfand. Der Hamburger SDSler Karl Heinz Roth versuchte in seinem strategischen Buch *Die »andere« Arbeiterbewegung* von 1974 die Erfahrungen dieser Kämpfe zu verdichten, die hauptsächlich von migrantischen Arbeitern getragen und durch Gewerkschaftsführung, Betriebsleitungen und Werkschutz zerschlagen wurden. Roth und seine Mitautorin sahen eine Kontinuitätslinie von national pazifizierten Facharbeitern auf der einen und revolutionär gestimmten multinationalen Massenarbeitern auf der anderen Seite, die sich gegen die Arbeit und ihre Zumutungen wehren. Das Buch provozierte eine breite historische Debatte über Roths Thesen, in denen auch ein politischer Vorschlag steckt: eine »alltägliche Arbeiterguerilla« sollte in den Großunternehmen aktiv werden und dort die Kämpfe der multinationalen Arbeiterinnen und Arbeiter befeuern. Roth blickt mittlerweile selbstkritisch zurück: Soziale Prozesse könnten nicht durch intellektuelle Vorgaben determiniert werden. Außerdem entschied sich das angerufene neue Subjekt der Revolution zu ganz anderen Verhaltensweisen als erhofft: »Sie verließen die Großfabriken, igelten sich in ihren Quartieren ein und holten ihre Frauen und Kinder aus Süd- und Südosteuropa sowie aus der Türkei nach Deutschland, um mit ihnen ein reges Familien- und Gemeindeleben zu beginnen und sich eine kleingewerbliche Existenz aufzubauen.« Die Tücken des revolutionären Subjekts – auch heutzutage stellt sich die Frage, worin die *Autonomie der Migration* vom Sommer 2015 mündet, noch dazu unter erschwerten Bedingungen: in neuen sozialen Kämpfen oder dem Einigeln und den verständlichen Versuchen, neuer Deutscher zu werden? Und vor allem: Formiert sich der deutsche Staatsbürger, ob Proletarier oder nicht, mitsamt seinen Gewerkschaften, Verbänden und Parteien erneut in nationalistisch zugespitztem Staatsbürgerbewusstsein gegen die Migrierenden und ihre Ansprüche oder eröffnet sich eine gemeinsame Perspektive von unten?[22]

---

22 Les temps modernes, Paris, April 1953, Übersetzt z. B.: Jean-Paul Sartre, Die Kommunisten und der Frieden, in: Krieg im Frieden 1. Reinbek 1982; Politikon. Studentenzeitschrift Göttingen, Göttingen, Nr. 40, Mai/Juni 1972: Räte, Klassenkampf und Selbstorganisation; Mario Tronti, Extremismus und Reformismus, Internationale Marxistische Diskussion, Nr. 12, Berlin 1971, Übersetzung u. Einleitung von Gisela Bock; ders., Arbeiter und Kapital, Frankfurt a. M., 1974; Spätkapitalismus und Klassenkampf – Eine Auswahl aus den »Quaderni Rossi«, Frankfurt am Main 1972; Arbeiteruntersuchung und kapitalistische Organisation der Produktion, München 1972; Romano Alquati, Klassenanalyse als Klassenkampf, herausgegeben und eingeleitet von Wolfgang Rieland, Frankfurt 1974; Nanni Balestrini, Wir wollen alles, übersetzt von Peter O. Chotjewitz, München 1972; Karl Heinz Roth, Die »andere« Arbeiterbewegung und die Entwicklung der kapitalistischen Repression von 1880 bis zur Gegenwart. Ein Beitrag zum Neuverständnis der Klassengeschichte in Deutschland, München 1974

Against white Supremacy

Der Einbruch einer anderen Welt, der Welt der Schwarzen, kam nicht erst mit der Black Panther Party. Dissidenten, Nonkonformisten und Außenseiter der Kalten-Kriegs-Zeit hörten bereits in den 50er Jahren den vom Mainstream wie von Adorno als »Negermusik« wenig geschätzten Jazz. Der Jazz-Saxophonist Archie Shepp fasste seine Vorstellung einer Wahlverwandtschaft von Grenzen sprengender Musik und Gesellschaftskritik in einer Art und Weise zusammen, die Adorno, hätte er es mitbekommen, natürlich missfallen hätte:

> »Der Jazz gehört zu den gesellschaftlichen und ästhetisch wichtigsten Beiträgen Amerikas. Er ist gegen den Vietnamkrieg; er ist für Kuba; er ist für die Befreiung aller Völker. Das ist die Natur des Jazz, ohne daß man da allzu weit zu suchen brauchte. Warum? Weil der Jazz selbst eine Musik ist, die aus der Unterdrückung, aus der Versklavung meines Volkes hervorgegangen ist.«

Mit der Civil-Rights-Bewegung wurde auch die bundesrepublikanische Protestbewegung mit der Existenz einer radikalen Bewegung in den USA und damit einer Facette des wenig bekannten » anderen Amerika« bekannt gemacht. Von dem schwulen schwarzen Schriftsteller James Baldwin lagen schon Mitte der 60er Schriften vor wie *Hundert Jahre Freiheit ohne Gleichberechtigung oder The Fire Next Time. Eine Warnung an die Weißen*, worin er die Leserschaft mit Malcolm X, der Black-Muslim-Bewegung und den aufkeimenden Debatten über das Recht auf militanten Widerstand der Schwarzen vertraut macht.

Auf dem Vietnamkongress in Berlin trat schließlich Dale Smith als Sprecher des *Student Nonviolent Coordinating Committee* auf. Er sprach vor der Menge sympathisierender Studentinnen und Studenten und erklärte, dass der Protest des *Civil Rights Movement* nun in die Widerstandsphase eintreten müsse. Im Zentrum seiner Rede stand aber nicht die Situation der Schwarzen, sondern Vietnam. Damit positionierte sich ein Vertreter der schwarzen Bewegung, die sich bislang als Civil Rights Movement eher nicht zu internationalen Themen geäußert hatte, eindeutig antiimperialistisch. Antirassistische Schwarzenbewegung und antikolonialer Dritte-Welt-Kampf erkannten sich in ihrem Aufbegehren gegen die weiße Ordnung wieder – und erinnerten mit ihrer pro-kommunistischen Orientierung an ähnlich gelagerte Verbindungen in den 20er und 30er Jahren unter Willi Münzenberg und seine *Liga gegen koloniale Unterdrückung*.

In der Neuen Welt gründete sich 1969 die *Weather Underground Organization* als eine Fraktion der *Students for a Democratic Society* (SDS) und setzte sich aus dem größten Teil der nationalen Führung des SDS zusammen. Das Ziel der Gruppe war angesichts anhaltender Bombardierungen von Nordvietnam, den Krieg nach Hause zu tragen. Aufgenommen wurden die Hinweise von Che Guevara, wonach die metropolitane Linke als militante Kämpfer im »Herzen der Bestie« zu agieren hätte, um den Imperialismus von innen zu blockieren und zu zerstören. Tatsächlich glaubten die *Weathermen*, wie andere Fraktionen der Neuen Linken nach 1968, Teil eines weltweiten revolutionären Prozesses zu sein, und meinten, in den USA eine andere, sozialistische Gesellschaft bewaffnet durchsetzen zu können. Die Weathermen agierten vornehmlich von 1969 bis 1976. Den Namen stiftete der Song *Subterranean Homesick Blues* von Bob Dylan.

»You don't need a weatherman to know which way the wind blows« war auch der Titel eines Positionspapiers, das auf der SDS-Versammlung in Chicago 18. Juni 1969 vorgestellt wurde. Das Gründungsdokument rief zum Aufbau einer »weißen kämpfenden Kraft« auf, die sich mit der schwarzen Befreiungsbewegung und anderen verbünden sollte, um den US-Imperialismus zu zerstören und eine klassenlose Welt, einen Weltkommunismus aufzubauen. Schwarz und Weiß kam tatsächlich im gemeinsamen Kampf zusammen. Am 4. November 1969 schrieb Eldridge Cleaver im revolutionären Mekka der damaligen Zeit, in Algier, ein Vorwort zu dem grandios subversiven Werk des anarchistischen Anti-Vietnamkriegs-Aktivisten Jerry Rubin:

> »Was Jerry Rubin und mich betrifft, so kann uns eine Marihuana-Zigarette vereinen, Musik, eine tiefe Verachtung für die Schweine, die Notwendigkeit des Kampfes für eine Veränderung der Welt, in der wir leben. Uns kann der Hass auf schweinische Richter vereinen, der Hass auf den Kapitalismus, das brennende Verlangen, die in den Vereinigten Staaten von Amerika herrschende Gesellschaftsordnung zu zerstören und der Wunsch, etwas Neues und Freies auf den Ruinen zu errichten.«

Auch in Deutschland vernahm man solche Stimmen. Prominente SDSler fuhren in die USA – wie Gerhard Amendt, der Bruder des 2011 ums Leben gekommenen Verfassers des *Sex-Front*-Buches Günther Amendt, der sich 1967 zwei Monate im New Yorker Stadtteil Harlem aufhielt. Er resümierte: »Die publizistisch gefeierten Erfolge der Bürgerrechtsbewegung haben nachweislich nur die kleine Gruppe des schwarzen Mittelstands erreicht und an den Lebensbedingungen der Ghettobewohner nichts verändert.« SDS-Aktivist und -Theoretiker Helmut Reinicke lieferte seinen vielbeachteten Reisebericht »berichte aus ameriKKKa« im *Sozialistischen Correspondenz-Info*. Und KD Wolff gründete 1969 das Black-Panther-Solidaritätskomitee. Vor allem sein

Frankfurter Verlag Roter Stern brachte um 1970 die wichtigsten Schriften des militanten schwarzen Widerstandes heraus.

Die USA erschienen zusehends als nach außen und nach innen rassistisch strukturierte Supermacht. Die APO-Aktivisten begannen, sie als »faschistisch« zu titulieren. Dabei wurde die Sprache der Black Panther übernommen: die Polizei – das waren »die pigs«. Wichtige Ikonen des schwarzen Widerstandes waren außer Eldridge Cleaver und Malcom X sicherlich Angela Davis, die an der Brandeis University bei Herbert Marcuse Vorlesungen hörte. Auf seine Vermittlung studierte sie ab September 1965 in Frankfurt am Main Philosophie und Soziologie unter anderem bei Adorno und Horkheimer. In Frankfurt schloss sie sich dem SDS an und nahm an Protestaktionen gegen den Vietnamkrieg teil. Davis folgte Marcuse an die University of California, San Diego und schloss ihren Master-Studiengang 1968 ab. Anschließend promovierte sie an der Ost-Berliner Humboldt-Universität und durfte Erich Honecker die Hand schütteln.

Vor dem Hintergrund der sich zuspitzenden Kämpfe der schwarzen Bürgerrechtsbewegung trat sie nach ihrer Rückkehr aus Frankfurt im Sommer 1967 dem *Student Nonviolent Coordinating Committee* (SNCC) bei und wurde kurzzeitig Mitglied der Black Panther Party. Im Juni 1968 wurde Angela Davis Mitglied im *Che-Lumumba-Club*, einem Kreis afroamerikanischer Mitglieder der Kommunistischen Partei der USA (CPUSA). Den SNCC verließ sie, da dort ihre Mitgliedschaft in der Kommunistischen Partei zum Problem wurde. Als ihr Vertrag als Dozentin an der University of California 1970 gekündigt wurde, nachdem ihre Mitgliedschaft in der CPUSA bekannt geworden war, entstand eine breite Solidaritätsbewegung mit Angela Davis. Sie lieferte wichtige Werke zum Verhältnis von Antirassismus und Antisexismus.[23]

---

23 James Baldwin, Hundert Jahre Freiheit ohne Gleichberechtigung
     oder The Fire Next Time. Eine Warnung an die Weißen, Reinbek
     bei Hamburg 1964; Eldridge Cleaver: Seele auf Eis. München
     1969; Jerry Rubin, Do it! Scenarios für die Revolution, Reinbek
     bei Hamburg 1971; Conrad Schuhler, Black Panther, Zur Kon-
     solidierung des Klassenkampfes in den USA, München 1969;
     Eldridge Cleaver, Zur Klassenanalyse der Black Panther Party. Er-
     ziehung und Revolution, Frankfurt am Main 1970; Angela Davis
     Solidaritätskomitee, Am Beispiel Angela Davis. Der Kongreß in
     Frankfurt. Reden, Referate, Diskussionsprotokolle. Frankfurt am
     Main 1972

Fanon und die revolutionäre Gewalt

Gewalt – das waren die Nazis, der Zweite Weltkrieg, die Familienverhältnisse, die Schule, der Vietnamkrieg, der persische Geheimdienst, die Folter, die Ausbeutung, das Verhältnis zur Dritten Welt, der Neokolonialismus, der Imperialismus – Gewalt hatte, so schien es 1968, Struktur. Man sprach von struktureller Gewalt im Kapitalismus.

In der BRD hatte der linke Internationalismus mit Afrika bereit Ende der 50er begonnen. Seit 1957/58 gab es eine kleine internationalistisch gesinnte Solidaritätsszene, die auf das Ende der französischen Kolonialherrschaft in Algerien hinwirken wollte. Ihren Aktivisten wurden alle möglichen Steine in den Weg gelegt, schließlich sollte die neu propagierte deutsch-französische Freundschaft und Aussöhnung nicht von Gegeninformationen über Internierungslager, Folter und die Politik der »verbrannten Erde« konterkariert werden.

Die frühe Algerien-Unterstützung wurde getragen von Leuten aus linken Gewerkschaftskreisen und Arbeiterjugendverbänden wie den Falken oder Naturfreunden. Sie standen am Rand oder jenseits einer sich nach Bad Godesberg zusehends restaurativ verhaltenden Sozialdemokratie. Die Aktionsformen waren vielfältig: In Frankreich gesuchte Aktivisten der algerischen Befreiungsfront FLN wurden über die deutsche Grenze gebracht und versteckt, Gelder einer hier von Algeriern erhobenen »Kriegssteuer« an die Befreiungsfront weitergeleitet oder auch die etwa 7.000 Deutschen in der Fremdenlegion zur Desertion aufgefordert.

Im August 1965 machte Enzensbergers *Kursbuch* die entstehende Neue Linke mit einer antikolonialen Befreiungstheorie vertraut, die unmittelbar mit dem Kampf um Befreiung in Algerien zusammenhing: In der zweiten Ausgabe des linken Theorieorgans, die ganz dem Antiimperialismus und Internationalismus gewidmet war, wurde Frantz Fanons Schrift *Von der Gewalt* veröffentlicht.

1966 erschien dann bei Suhrkamp auf Deutsch die 1961 im französischen Original veröffentlichte Fanon-Schrift *Die Verdammten dieser Erde*. Sie wurde die Bibel für den Befreiungskampf in der Dritten Welt. *Die Verdammten dieser Erde* trug auch erheblich zur Radikalisierung der außerparlamentarischen Opposition bei. Der Autor hatte von 1953 bis 1956 in einer psychiatrischen Klinik in Blida, einige Kilometer von Algier entfernt, gearbeitet. Davor hatte er in Lyon Medizin und Psychiatrie studiert. Er war vom französischen Existentialismus, dem Marxismus und der Psychoanalyse geprägt. Fanon diskutierte das Verhältnis von Kolonisierten zum Kolonialherrn, er erweiterte die Untersuchung des Antagonismus zwischen Arbeiter und Kapitalisten. Als ausgebildeter Psychiater betrachtete er diesen kolonialen Widerspruch auch unter dem Gesichtspunkt der psychischen Dynamik.

Bereits 1952 hatte Fanon seine Arbeit *Schwarze Haut, weiße Masken* über die entfremdete Psyche des Schwarzen im System des Kolonialismus veröffentlicht. Das rassistische System werde vom Schwarzen, der sich nicht gegen die Zustände wehrt, so weit internalisiert, dass er selbst »weiß« werden will. Nicht bewusst bearbeitete Formen von Aggressivität würden in zerstörerischer und barbarischer Form kanalisiert.

Diese Schrift könnte auch als eine moderne Theorie des Antirassismus gelesen werden, weist doch Fanon die rassistischen Konstruktionen des sexuell hyperpotenten, aber intellektuell dürftig ausgestatteten Schwarzen zurück. In seiner Schrift über die *Verdammten dieser Erde* radikalisiert er seine Überlegungen über die Möglichkeiten, sich vom Kolonialismus zu befreien. Fanons Ansichten wurden politischer, revolutionärer. Er selbst hatte 1956 seinen Dienst als Psychiater quittiert und war zeitweise Sprecher der algerischen Befreiungsbewegung.

Allgemein wurde er als Vorkämpfer des antikolonialen Befreiungskampfes überall auf der Welt rezipiert. Fanon betrachtete das Industrieproletariat in den Kolonien als zahlenmäßig zu gering und außerdem als korrumpiert. Das Landproletariat und das ausgeschlossene Lumpenproletariat sind bei ihm revolutionäres Subjekt.

Im Zentrum seiner noch heute an manchen Universitäten diskutierten Schrift *Die Verdammten dieser Erde* steht die Diskussion der Hegel'schen Ausführungen zum Verhältnis Herr und Knecht. Die koloniale Situation und die Ausbeutung des Kolonisierten verhindern laut Fanon ein dialektisches Eintreten des Knechts in die Geschichte. In der Hegel'schen Beschreibung kann der Knecht aufgrund eines Abhängigkeitsverhältnisses, das aber zugleich ein Anerkennungsverhältnis ist, sich der Arbeit zu- und vom Herren abwenden und dadurch Selbstbewusstsein gewinnen. Dieser Prozess ist dem Kolonisierten nicht vergönnt, so der 1925 auf der französischen Überseeinsel Martinique geborene Fanon.

Arbeit sei pure Sklavenarbeit, und der Blick desjenigen, der vom Kolonialismus psychisch verstümmelt ist, richtet sich neidisch-adaptiv auf den Herren. Das »kolonisierte Ding« (Fanon) wird erst dann zum Menschen und tritt in die Geschichte ein, wenn es sich gewaltsam vom Kolonialherren befreit hat. »Das Leben kann für den Kolonisierten nur aus der verwesenden Leiche des Kolonialherren entstehen«, so stand es damals im *Kursbuch*. Die Gewalt nimmt bei Fanon die Rolle ein, die die Arbeit bei Hegel annimmt. Nur durch die Gewalt könnten die Kolonisierten ihren rassistisch legitimierten Ausschluss aus dem Status des Subjekts überwinden.

Von bürgerlichen Philosophen und Essayisten wurde Fanon bereits früh angegriffen. Einige raunten, er sei bloß ein »Selbsthasser« und Opfer einer »Selbstablehnung« – was immer das sein soll. Andere wie Hannah Arendt stellten seine Überlegungen in eine Tradition mit lebensphilosophischen Gewaltmystikern wie Georges Sorel. Das ist allerdings gänzlich verkehrt, denn anstelle der Lebensphilosophie ist es Hegelianismus plus Psychoanalyse, die Fanon zu seiner Gewalt-Apologie bringt. Frantz Fanon war Antifaschist und Antikolonialist, genauso wie sein europäischer Mentor Jean-Paul Sartre, der die Schrift in seinem Vorwort explizit von Sorels »faschistischem Geschwätz« abhob. Simone de Beauvoir nannte das Buch »extrem kompromißlos, aufrührerisch, aber auch nuancenreich und subtil«. Dagegen stellt Hannah Arendt heraus, dass der Sartre-Satz »Einen Europäer umbringen heißt zwei Fliegen mit einer Klappe schlagen ... was übrig bleibt, ist ein toter Mensch und ein freier Mensch« von Karl Marx nie geschrieben worden wäre. Und sie spitzt ihre Kritik zu: »Die Dritte Welt ist keine Realität, sondern eine Ideologie.«

Fanon kämpfte als Freiwilliger gegen das Pétain-Regime, half bei der Befreiung des Rhône-Tals von den Faschisten mit. Seine Biografin Alice Cherki stellte heraus, wie sehr Fanon von der Ungerechtigkeit und Ungleichheit in der französischen Armee angewidert war, in der schwarze und weiße Soldaten einen vollkommen anderen Stand hatten. Am 8. Mai 1945, am Tag der Befreiung vom Faschismus, wird in Sétif in Algerien eine Demonstration zusammengeschossen. Die Zahl der durch Militär, Gendarmerie, Polizei und bewaffnete Miliz massakrierten Opfer wird für die darauffolgenden Tage auf 20.000 bis 45.000 geschätzt.

Fanons intellektueller Werdegang ist der eines Humanisten, der jegliche Unterdrückung konsequent zu bekämpfen trachtet. Nicht unproblematisch ist allerdings seine Feier der »in Blut und Zorn« geschaffenen neuen Nation. Doch die heute anzutreffende Gewalttätigkeit auf dem afrikanischen Kontinent – vom Massenmord in Ruanda bis zu den Bandenkriegen, Kindersoldaten und reaktivierten Stammesfehden – zeigt nur, wie recht Fanon hatte: Die vom Kolonialismus und Imperialismus auf diesen Kontinent getragene Gewalttätigkeit wurde nicht aufgehoben. Sie wurde übernommen, manchmal auch bloß verkehrt. Nicht befreiende Gewalt griff um sich, sondern ein Gewaltkontinuum wurde fortgeführt, das es nach Fanon gerade mit äußersten Mitteln zu unterbrechen gilt.[24]

---

24 Vgl.: Frantz Fanon, Die Verdammten dieser Erde. Mit einem Vorwort von Jean-Paul Sartre, Frankfurt am Main 1966; Hannah Arendt, Macht und Gewalt, München 1970

Debray und Che Guevara im Fokus

In den *Rotbüchern* im Wagenbach Verlag konnte man sich 1968 mit Che Guevaras Theorie über den Guerillakrieg vertraut machen. In den ursprünglich 1960 dargelegten Thesen theoretisierte Che seine Erfahrungen mit der Kubanischen Revolution. Er hielt darin fest:

> »1. Die Kräfte des Volkes können einen Krieg gegen eine reguläre Armee gewinnen. 2. Nicht immer muß man warten, bis alle Bedingungen für eine Revolution gegeben sind, der aufständische Fokus kann solche Bedingungen selbst schaffen. 3. Im unterentwickelten Amerika müssen Schauplatz des bewaffneten Kampfes grundsätzlich die ländlichen Gebiete sein.«

Doch die Faszination Ches und die Fragen, die er stellte, gingen offensichtlich weiter als die recht hölzerne Theoretisierung der kubanischen Guerilla-Aktivitäten. Bereits 1967 hatten Rudi Dutschke und Gaston Salvatore vom SDS Berlin Che Guevaras Brief an die »Trikontinentale« aus demselben Jahr übersetzt. Darin wurde die alte Idee der permanenten Revolution wieder aufgegriffen – auf der Höhe der Zeit des 60er-Jahre-Imperialismus: »Schaffen wir zwei, drei, viele Vietnams!« Che zeichnete darin die Szene »von vielen großen Schlachten für die Befreiung der Menschheit«:

> »In Lateinamerika kämpft man mit der Waffe in der Hand in Guatemala, Kolumbien, Venezuela und Bolivien. Es tauchen schon die ersten Keime des Kampfes in Brasilien auf. Fast alle Länder des Kontinents sind für einen Kampf, der, um siegreich sein zu können, sich nicht mit weniger als der Einsetzung einer Regierung sozialistischen Typs begnügen darf, reif.«

Nachdem Che erkannte, dass der Sozialismus keine Insel sein kann, machte er sich mit seiner Fokustheorie nach Afrika und Bolivien auf. Doch wenn jemand den kubanischen Guerillakampf theoretisierte und verallgemeinern wollte, dann war dies Régis Debray, der seit 1966 Philosophie an der Universität von Havanna lehrte. Seine Schrift *Revolution in der Revolution? Bewaffneter Kampf und politischer Kampf in Lateinamerika*, dessen Vertrieb in Deutschland der Münchner *Trikont Verlag* im Jahre 1967 unternahm, wurde weltweit gelesen, studiert und diskutiert. Régis Debray schloss sich später schließlich auch Che Guevaras Guerilla-Aktivitäten in Bolivien an und lieferte einige theoretische Schriften zum Kampf der Guerilleros. Als Erfinder der Stadtguerilla wollen manche den irischen Freiheitskämpfer Michael Collins ausgemacht haben. Ihr Theoretiker ist zweifelsfrei der brasilianische Revolutionär Carlos Marighella, der am 4. November 1969 in Brasilien von Militärs erschossen wurde. Sein *Minihandbuch des Stadtguerilleros* zirkulierte ab 1970 in englischer und deutscher Sprache. Marighella war vor seinem Bruch mit der KP linientreuer Kader der brasilianischen Kommunistischen Partei.

Die modernste Stadtguerillagruppe der damaligen Zeit stellten die Tupamaros aus Uruguay dar. Der französische Situationist und Kritiker des Terrorismus Emile Marenssin schrieb 1972 in einem zwei Jahre später ins Deutsche übersetzten Pamphlet, die Tupamaros hätten die Kunst der angemessenen Anwendung von Gewalt, das Einhalten einer vorgegebenen Gewaltquote weitgehend beherrscht. Die Aktion dürfe weder lächerlich oder reformistisch noch grausam und abenteuerlich sein.

> »Zu tief angesetzt, würde sie die Massen enttäuschen, die Antwort erwarten und schon darüber mutmaßen, wie sie ausfallen wird; zu hoch angesetzt, würde sie Entsetzen oder gar Schrecken hervorrufen. Wenn es um die bewaffnete Aktion geht, muß das taktische Ziel stets sorgfältig in Abhängigkeit vom strategischen Ziel und der gegebenen politischen Lage ausgewählt werden, muß die Ausführung mit

äußerster Umsicht vorbereitet und mit größter Entschlossenheit auf eben dem Gewaltniveau gehandelt werden, das mit dem Sieg und der gegebenen ›Gewaltquote‹ vereinbar ist. Schließlich – und das ist alles andere als nebensächlich – ist darauf zu achten, daß die Aktion die Macht der Lächerlichkeit preisgibt und daß sie zugleich deutlich den subversiven und den gerechten Zweck ausdrückt, der sie legitimiert: die Abschaffung der kapitalistischen Gesellschaftsverhältnisse.«

Die auf Lateinamerika bezogene Orginal-Fokustheorie und alle daran anschließenden Land- und Stadtguerilla-Strategien ernteten heftige Kritik. Da waren zuerst die Parteikommunisten. Denn Debray sprach sich vehement gegen eine Guerilla aus, die lediglich ein bewaffneter Arm einer politischen Befreiungsfront oder revolutionären Partei ist. »Ein einseitiges Abhängigkeitsverhältnis gegenüber der politischen Ebene einer Gesamtorganisation bedeutet, dass die militärischen Einheiten nicht aufgrund der spezifischen Bedingungen vor Ort handeln könnten, sondern auf Direktiven aus der politischen Zentrale zu warten hätten.« Kein Wunder, dass die Fokustheorie mit der KP-Politik in Lateinamerika kollidierte. Die moskautreuen Kommunistischen Parteien wollten Dominanz über einen zukünftigen revolutionären Prozess, und dieser Prozess wurde ohnehin weit nach hinten verschoben, weil die Sowjetunion nur bedingt ein Interesse daran hatte. Doch Debray stellte sich auch gegen die zur Sowjetunion alternative Konzeption Maos. Im maoistischen Guerillakonzept sollte nämlich auch die Vormachtstellung der Partei über alle Kulturrevolutionen und erlaubten Rebellionen hinweg intakt bleiben. So erschien das im Grunde militaristisch-voluntaristische Fokuskonzept, das keine sozioökonomische Analyse des lateinamerikanischen Kontinents lieferte, als antiautoritäre Praxisform, unabhängig gegenüber Moskau und Peking. Vor allem mussten sich an der Fokustheorie all diejenigen stoßen, die zum einen an einer proletarischen Revolution festhielten und zum anderen die westeuropäische und US-amerikanische Arbeiterklasse nicht als restlos integriert abtun wollten. Denn das revolutionäre Subjekt des Fokus ist der Bauer des Südens. Eigentlicher Akteur ist der bewaffnete Intellektuelle, der im Namen des Bauern kämpft. Im Zentrum dieser Politik stehen immer Avantgarden und Chefkommandanten. So erblickte die französische Situationistische Internationale im Castro-Guevarismus und in Debrays Theorie lediglich »Formen falschen Bewusstseins, in denen der Bauernstand die ungeheuerliche Aufgabe erfüllt, die präkapitalistische Gesellschaft von ihren halb-feudalen und kolonialen Folgeerscheinungen zu befreien und zu einer nationalen Würde zu gelangen«.

Dem revolutionären Fokus in Vietnam sollten nicht nur die vielen Fokusse in Lateinamerika folgen. Auch in Europa sollten Gedanken aus Ches Fokustheorie Geltung beanspruchen dürfen. Schließlich interpretierte die APO die Nachkriegszeit der späten 60er Jahre trotz kleiner Rezession als krisenfrei. In einer Gesellschaft, in der sich revolutionäre Krisen nicht mehr naturwüchsig ergeben, wird die Rolle der Revolutionäre und ihrer Aktionen enorm wichtig. Rudi Dutschke erklärte 1968 in seinem Referat »Die Widersprüche des Spätkapitalismus, die antiautoritären Studenten und ihr Verhältnis zur Dritten Welt«:

> »Die Frage lautete: Wie und unter welchen Bedingungen kann sich der subjektive Faktor als objektiver Faktor in den geschichtlichen Prozeß eintragen? Guevaras Antwort für Lateinamerika war, dass die Revolutionäre nicht immer auf die objektiven Bedingungen für die Revolution zu warten haben, sondern dass sie über den Focus, über die bewaffnete Avantgarde des Volkes die objektiven Bedingungen für die Revolution durch subjektive Tätigkeit schaffen können.«

Damit wurde den Kategorien des subjektiven Willens und des Aktivismus eine Legitimation verschafft. Dutschke und sein aktivistischer Genosse Gaston Salvatore sprachen sich für ein »System von Offensivaktionen mit Rückzugsmöglichkeiten« aus, um die Massen des Spätkapitalismus aus der Lethargie zu reißen. In dem berühmten »Organisationsreferat« von Rudi Dutschke und Hans-Jürgen Krahl, das auf dem 22. Delegiertenkongress des SDS im September 1967 gehalten wurde, erläuterten die beiden prominenten APO-Sprecher die zukünftige Strategie der antiautoritären Bewegung:

> »Die Agitation in der Aktion, die sinnliche Erfahrung der organisierten Einzelkämpfer in der Auseinandersetzung mit der staatlichen Exekutivgewalt bilden die mobilisierenden Faktoren in der Verbreiterung der radikalen Opposition und ermöglichen tendenziell einen Bewußtseinsprozeß für agierende Minderheiten innerhalb der passiven und leidenden Massen, denen durch sichtbar irreguläre Aktionen die abstrakte Gewalt des Systems zur sinnlichen Gewißheit werden kann. Die ›Propaganda der Schüsse‹ (Che) in der ›Dritten Welt‹ muß durch die ›Propaganda der Tat‹ in den Metropolen vervollständigt werden, welche eine Urbanisierung ruraler Guerilla-Tätigkeit geschichtlich möglich macht. Der städtische Guerillero ist der Organisator schlechthinniger Irregularität als Destruktion des Systems der repressiven Institutionen.«

Wolfgang Dreßen, der Herausgeber der *Sozialistischen Jahrbücher*, kritisierte die von Dutschke praktizierte Aneignung der Fokustheorie, die das Bild einer metropolitanen »Verweigerungs-Revolution« eines Gegenmilieus transportierte. Hier würde es nur noch um eine abstrakte Negierung des vereinzelten Individuums gehen. Die von Andreas Baader, Gudrun Ensslin, Ulrike Meinhof, Horst Mahler und Jan Carl Raspe formierte Rote-Armee-Fraktion (RAF) griff schließlich 1970 die zirkulierenden Guerilla-Vorschläge auf und versuchte sich am Aufbau einer Stadtguerilla, die anfänglich noch mit Basisarbeit verbunden sein sollte. Von Debray wussten sie, was es heißt, einen klaren Trennungsstrich zwischen sich und dem Feind auf diese Art und Weise zu ziehen:

»Siegen heißt, prinzipiell akzeptieren, daß das Leben nicht das höchste Gut des Revolutionärs ist.«[25]

Der bewaffnete Kampf sollte eine Praxisform der revolutionären Veränderung der Verhältnisse darstellen. In ihrem ersten politischen Manifest, *Das Konzept Stadtguerilla* von April 1971, redete die von der Presse als »Baader-Meinhof-Bande« bezeichnete Rote-Armee-Fraktion vom Primat der Praxis:

> »Ob es richtig ist, den bewaffneten Widerstand jetzt zu organisieren, hängt davon ab, ob es möglich ist; ob es möglich ist, ist nur praktisch zu ermitteln.«

Diese praktische Ermittlung, so schrieben die Verfasser dieser an die Linke gerichteten Zeilen, ist nicht zu bewerkstelligen über die korrekte Wiedergabe von Marx-Zitaten und Dissertationsprojekte über Georg Lukács. Die Studentenbewegung und ihre Organisation, der SDS, waren zerfallen. Die Revoltbewegung war dabei, ihren Kairos zu überschreiten. Mit Willy Brandts sozialliberaler Koalition, der Amnestie für einige APO-Gefangene, der DKP-Legalisierung drohte die Bewegung, in die geordneten Bahnen des Mehr-Demokratie-Wagens hinüberzugleiten. Und dass aus dem hektisch ausgerufenen »Marsch durch die Institutionen« nichts weiter werden würde als eine Institutionalisierung der Marschierenden, sahen einige Kritiker bereits kommen. In diesem Moment und in keinem anderen, so behaupteten sie, sollte es Sinn machen, den bewaffneten Kampf aufzunehmen – auch als Versuch, die gemeinsame Revolte zu verlängern.

25 Vgl. z. B.: Ernesto Che Guevara: Guerilla – Theorie und Methode. Berlin 1968; ders., Bolivianisches Tagebuch. München 1968, Marcio Alves, Conrad Detrez, Carlos Marighella, Zerschlagt die Wohlstandsinseln der III. Welt, Reinbek bei Hamburg 1971, RAF, Das Konzept Stadtguerilla, in: D. B. Rjazanov, Zur Frage des Verhältnisses von Marx zu Banqui, Utrecht 1973

Nie machte die RAF einen Hehl daraus, ein Kind der Studentenbewegung zu sein, auch wenn nicht wenige ehemalige Protagonisten, vor allem die Kader der in den 70er Jahren entstehenden K-Gruppen, dies vehement leugneten.

»Burn Warehouse Burn« schrieb die Kommune I in der Hoffnung, dass auch in den imperialistischen Metropolen ein kleiner Widerschein des amerikanischen Vernichtungskriegs in Vietnam aufblitzen möge, und am 2. April 1968 steckten Gudrun Ensslin, Andreas Baader und weitere Linksradikale zwei Frankfurter Kaufhäuser in Brand. Die fetten Jahre der Gleichgültigkeit sollten endlich vorbei sein, und das dachten nicht nur sie. Bei den Verhandlungen gegen die Kaufhausbrandstifter war die gesamte APO-Prominenz zugegen. Die RAF als erste und prominenteste Guerillabewegung kann im Hegel'schen Sinne als der Versuch einer Aufhebung aller Momente der zerfallenden Studentenbewegung begriffen werden. Die Wurzeln waren die gleichen: man hörte die gleiche Musik, konsumierte bewusstseinserweiternde Drogen, kannte sich von den Sit-Ins, Teach-Ins und der Anti-Springer-Kampagne. Und man machte die gleichen theoretisch-praktischen Lernprozesse mit. Alle, selbst ein Hans-Joachim Klein, Frankfurter Django aus proletarischen Verhältnissen, der später bei den Revolutionären Zellen landen sollte, wunderten sich im Nachhinein, wie schnell und begierig Theorie aufgegriffen wurde. Herbert Marcuses Randgruppenstrategie folgend, wonach die außerhalb der Gesellschaft Stehenden das neue revolutionäre Subjekt seien, fanden sich die Gründer der RAF mit anderen APO-Aktivisten in der Heimkinderkampagne wieder: Ulrike Marie Meinhof lieferte mit *Bambule* das Theaterstück, die APO-Aktivisten holten die unter repressiver Fürsorge stehenden proletarischen Jugendlichen aus den Heimen raus und quartierten sie in ihren Kommunen ein. Auch nach der Befreiung von Andreas Baader aus der Haft wurde dieser Bezug der RAF-Gründer noch hergestellt, besonders deutlich in ihrer existenzialistischen ersten Erklärung an die Sponti-Linke 1970:

> »Den Jugendlichen im Märkischen Viertel habt ihr die Baader-Befreiungs-Aktion zu erklären, den Mädchen im Eichenhof, in der Ollenhauer, in Heiligensee, den Jungs im Jugendhof, in der Jugend-hilfsstelle, im Grünen Haus, im Kieferngrund. Den kinderreichen Familien, den Jungarbeitern und Lehrlingen, den Hauptschülern, den Familien in den Sanierungsgebieten, den Arbeiterinnen von Siemens und AEG-Telefunken, von SEL und Osram, den verheirateten Arbeiterinnen, die zu Haushalt und Kindern auch noch den Akkord schaffen müssen – verdammt! Denen habt ihr die Aktion zu vermitteln, die für die Ausbeutung, die sie erleiden, keine Entschädigung bekommen durch Lebensstandard, Konsum, Bausparvertrag, Kleinkredit, Mittelklassewagen. Die sich den ganzen Kram nicht leisten können, die da nicht dran hängen.«

Doch im Untergrund gelandet, war es der RAF auch klar, dass es ohne die Arbeiter nicht geht, wenn man von Revolution spricht. Fabrikguerilla-Strategien wie in Italien sollten in der BRD keinen Fuß fassen, obwohl sich aus dem SDS einige Betriebsgruppen herausbildeten, die auch diese Idee verfolgten. Die Anrufung der Arbeiterklasse war ab den 70er Jahren fest in den Händen der wie Pilze aus dem Boden schießenden K-Gruppe, der aufbauwütigen marxistisch-leninistischen Sekten. Die folgenden Texte der RAF, die mit Lenin- und Mao-Zitaten gespickt waren, bemühten sich, diese Leute auf den revolutionären Kampf zu verpflichten. Und sie tat das mit bemerkenswerter analytischer Genauigkeit: Die Analyse des Chemiearbeiterstreiks 1971 in dem RAF-Text »Stadtguerilla und Klassenkampf« war um einiges fundierter als das meiste, was die damaligen K-Gruppen zu sagen hatten. Dennoch hatten diese nur eine Begrifflichkeit für die bewaffneten Gruppen übrig: »Kleinbürger«. Das war wenig treffend und etwas ungerecht, denn genauso wie die K-Grüppler waren die RAF-Aktiven Leninisten – nur »Leninisten mit Knarre«, wie der Anarchist Peter Paul Zahl formulierte. Denn das leninistische Avantgarde-Konzept wurde verständlicherweise auch von den undogmatisch-anarchistischen Gruppen kritisiert, aus deren Reihen eine eigene Guerilla-Bewegung entstand, die sich als populistisch definierte: die *Bewegung 2. Juni*. Ihr Name hatte etwas Aufklärerisches, denn er wies darauf hin, dass die Gegenseite zuerst geschossen hatte: am 2. Juni beim Schah-Besuch, als der Student Benno Ohnesorg ermordet wurde. Allen Gruppen der Stadtguerilla war der Internationalismus gemein: auch dem fest im Berliner Subkultursumpf verankerten *2. Juni* war klar, dass die Welt größer ist als die Frontstadt. War Vietnam der internationalistische Bezug der Studentenbewegung, so war es Palästina für die bewaffneten Gruppen. Ihre Strategie bezogen sie allerdings aus Lateinamerika. In Westberlin landete das besagte *Minihandbuch des Stadtguerilleros*. Vor allem begeisterten aber die Tupamaros in Uruguay, der »Schweiz Amerikas«, mit ihren Aktionen. Dieter Kunzelmann und Fritz Teufel gründeten in diesem Geiste die Tupamaros Westberlin. Etwas zu viel wurde aus fremden Weltgegenden ins nach-faschistische Deutschland importiert, z. B. die maoistische Phrase »vom Volke lernen«, eine Kuriosität, die neben vielen anderen in stets scharfer, doch solidarischer Weise von dem Sozialpsychologen Peter Brückner kritisiert wurde.

Was führt Leute dazu, den bewaffneten Kampf aufzunehmen? Die Bürger, die ihre Ordnung in Gefahr sahen, griffen auf das zurück, was sie seit dem 19. Jahrhundert immer mit revolutionären Haufen machten: sie pathologisierten und psychiatrisierten sie – Ulrike Meinhofs Gehirn sollte nach ihrem Tod in Stammheim nach Abnormalitäten durchleuchtet werden. Dabei war es nur die Mischung aus Zeitumständen (eine Phase des Nonkonformismus), geteilten Erfahrungen (der Repression z. B.), vorbildgebenden Büchern (Max Hoelz z. B.), faszinierenden Filmen (Der unsichtbare Aufstand z. B.) und der Fähigkeit zur Empathie mit den aktuell Unterdrückten. Der unbedingte Existenzialismus und die Bereitschaft zur Entgrenzung der Gewalt ist von heute betrachtet das Irritierendste.[26]

---

26 Vgl. z. B.: Ulrike Meinhof, Bambule. Fürsorge – Sorge für wen? Berlin 1971; »Die Rote Armee aufbauen!« in: agit 883, Berlin 5. Juni 1970; Peter Brückner, Über die Gewalt. Sechs Aufsätze zur Rolle der Gewalt in der Entstehung und Zerstörung sozialer Systeme, Berlin 1979; Emile Marenssin und Peter Paul Zahl, Stadtguerilla und Soziale Revolution, Haarlem 1974

Die Neue Linke und Mao

Die globale Ikone der 68er-Revolte war der große Steuermann Mao Tse-Tung. Die Black Panther in den USA lasen eher nicht Wilhelm Reich, sondern verkündeten mit der Mao-Bibel in der Hand, dass hier endlich einer Klartext reden würde. Alles andere sei »Bullshit«. Der US-amerikanische SDS (Students for a Democratic Society) löste sich entweder in den Maoismus (die Mehrheit) oder in die Stadtguerilla Weathermen (die Minderheit) auf. Gut, es gab noch etliche verkiffte Kommunen ... In Frankreich wurde bereits der Mai von maoistischen Gedanken geprägt. Die Mao-Bewegung setzte jedoch erst im Herbst ein. Eine der wichtigsten linksradikalen Gruppen war die im September 1968 gegründete *Gauche Prolétarienne* (GP). Ihr militanter Aktivist Pierre Overney wurde vor den Werktoren von Renault-Billancourt im Februar 1972 vom waffenstarrenden Werkschutz erschossen. Der Philosoph Sartre erklärte sich zum Hauptherausgeber der GP-Zeitung *La Cause du peuple*, um diese vor Repression zu schützen. Alle wichtigen linken und radikalen Philosophen Frankreichs liebäugelten mit den Maoisten. Michel Foucault diskutierte mit ihnen. In einem legendären Streitgespräch von 1971 mit dem Sartre-Getreuen Benny Lévy ging es um den Begriff der »Volksjustiz«. Während sich der aus einer jüdischen Familie stammende Maoist für revolutionäre Gerichtsbarkeit aussprach und den puren, spontanen Volkswillen kritisch beäugte, überbot der antiinstitutionelle und spontaneistisch gestimmte Philosoph seinen Gesprächspartner an Revolutionsemphase und verwarf Moralideologie, Tribunale und bürgerliche Staatsapparate zugunsten der reinen Volksgewalt. Auch der Strukturmarxist Louis Althusser zeigte sich Mao-begeistert, und der spätere prominente Renegat und Pseudophilosoph André Glucksmann war einer der führenden Köpfe von GP.

In Deutschland entstand die maoistische ML-Bewegung der K-Gruppen gegen die in die Krise geratene antiautoritäre Bewegung. Prominente Kader dieser Gruppen wollen rückblickend in den Parteigründungen einen »instinktiven Akt der Selbstkontrolle und des Selbstschutzes« gegen Gewalt, Drogen und Subkulturbildung sehen. Der Selbstschutz hat sich bezahlt gemacht, sind doch aus den ehemaligen K-Grüpplern »überwiegend grüne ›Realpolitiker‹, habermasianische Reformisten oder sogar waschechte Neoliberale« geworden, um den Ex-K-Gruppen-Kader und kundigen 68er-Historiker Gerd Koenen zu zitieren. Die ML-Gruppenbildung wurde von älteren Aktivisten der Revolte als Liquidierung des subversiven Geistes verstanden. Der Freiburger SDSler Klaus Theweleit kritisiert das Ur-Deutsche, das mit den K-Gruppen um sich griff und amerikanische Popmusik, lange Haare und die undeutsche Theoriesprache der Antiautoritären gleichermaßen verdrängte. Karl Heinz Roth aus dem Hamburger SDS sah die garantierte Langfristigkeit marxistisch-leninistischer, trotzkistischer oder auch dogmatisch-anarchistischer Aufbauarbeit im Jenseits aller geschichtlichen Wirklichkeit angesiedelt.

Doch das situativ Positive der westlichen Maoisten war sicherlich das Propagieren der *Studenten-Arbeiter-Allianz.* Viele maoistische Genossen gingen in die Fabrik, um die Arbeiter zu agitieren. Dies führte wiederum dazu, dass nicht wenige Jungarbeiter mit marxistischer Theorie, wenn auch auf sehr einfachem Niveau, vertraut gemacht wurden. Der Maoismus im Westen ermöglichte die Legitimation von

Gewalt, transportierte einen recht weiten und vagen Volks-begriff. Er konnte aber auch zu einer generellen Kritik der Warenproduktion herausfordern und die Berechtigung von Rebellion verkünden.

Mao war der große Vereinfacher des Marxismus. 1968 konnten ausgewählte Werke von dem Vorsitzenden der KP China auf Deutsch gelesen werden, die Übersetzung und den Vertrieb übernahm der aus Peking kommende Verlag für fremdsprachige Literatur. Das rote Buch erschien hier-zulande bereits 1967 im renommierten S. Fischer Verlag, und dtv brachte im selben Jahr 37 Gedichte des Steuermanns heraus. In dem linksradikalen Berliner *Merve*-Verlag wurde schließlich in den Jahren 1970/71 die Nach-68er-Diskussion um den Maoismus präsentiert. Die Diskussionen in Italien waren den deutschen immer ein Schritt voraus, wie das 1971 veröffentlichte schmale Bändchen von Rossana Rossanda *Der Marxismus von Mao Tse-tung* zeigt.

Der Maoismus wurde vielfach bastardisiert, in der Berli-ner Subkulturzeitung agit 883 findet sich in vielen Ausgaben ein Anarcho-Maoismus, der in Peking selbst wahrscheinlich den Staatsschutz auf den Plan gerufen hätte. Lustig machen konnte man sich über den Mao-Spuk auf vielfältige Weise. In Anspielung auf das Neue Rote Forum aus Mannheim/Heidelberg brachte Helmut Höge das *Neue Lote Folum. Zeit-schrift für die Poesie und die Revolution* heraus, es ging, wie er sagte, um »Gegenhalten zu diesen ganzen maoistischen Jargons. Es ging gegen die Phrasendrescherei, aber war selber eine Phrasendrescherei«.

Einige wenige rätekommunistische und anarchistische Zeitgenossen versuchten, auch analytisch hinter die Revo-lutionsikone und -phraseologie zu blicken. So schrieb im Sommer 1967 der Rätekommunist Cajo Brendel seine *The-sen über die chinesische Revolution*. In diesen blieb keine der vielen maoistischen Spektakelinszenierungen unangetastet. Die von den 68er-Rebellen euphorisch aufgenommene und von Mao angestoßene Kulturrevolution ab 1966 wurde als in der Partei sich abspielender Machtkampf aufgedeckt, in dem Mao gegen die neue Klasse von Managern vorging. Antiautoritär oder gar gegen die Parteidominanz gerichtet war daran nichts. Die chinesischen Gruppen, die die Kulturrevolution in eine solche Richtung lenken wollten, wurden blutig verfolgt und rasch zerschlagen. 1969 erschienen Brendels Thesen auf Französisch, 1971 auf Englisch und 1977 zur Zeit der Hochphase der K-Gruppen dank der Hamburger Edition Nautilus auf Deutsch.

Als Mao 1949 in China die Macht übernahm, hätte jeder Beobachter mit klarem Blick erkennen können, dass der real existierende und sich durchsetzende Sozialismus eine nachholende Modernisierungsbewegung in agrarisch, halb-feudalen Ländern darstellt. Der Bauern-Rebell Mao Tse-Tung hatte ursprünglich mit einem Programm, das der »sozialrevolutionären Partei« in Russland entsprach, die arme Bauernklasse zur Revolution und zum Sieg führen können. An der Macht entwickelte er sich zu einer Mischung aus chinesischem Kaiser und Agrar-Stalin. Die propagierten »Sprünge nach vorn« und die Kampagnen zur Industrialisierung hätten alle linkskommunistischen und rätekommunistischen Kritiker des Leninismus und Stalinismus bestätigen müssen, die in den sozialistischen Revolutionen lediglich eine rabiat-bürgerliche Industrialisierung am Werk sahen.

Sollte gar der konservativ gewendete Max Horkheimer in verdrehter Weise recht behalten, als er im Mai 1966 die »Hölle einer chinesischen Weltherrschaft« beschwor, und dabei leider auch den Wunsch artikulierte, dass die USA sich in Vietnam durchsetzen mögen?

Fernab des antikommunistischen Bekenntnisses, aber auch der revolutionären Mythologisierung sollte dem »revolutionären Geist« nachgespürt werden, den die Maoisten in China vermuteten. Der China-Experte Felix Wemheuer brachte dies 2008 in einer Anthologie über Ideengeschichte und revolutionären Geist des Maoismus auf den Punkt: »Die Maoisten stellten die richtigen Fragen: Was nutzt Staatseigentum, wenn die Arbeiter und Arbeiterinnen in der Fabrik nichts zu sagen haben?« Welche Maoisten sind gemeint? Die original-östlichen oder die adaptierend-westlichen? Stellte sich die Frage vielleicht bei den einen anders als bei den anderen?[27] Und müssten diese Fragen nicht in zugespitzter Form den Staatserben des Mao-Kults im Osten und den zu Amt und Einfluss gekommenen Renegaten des Maoismus im Westen entgegengeschleudert werden? Denn insgesamt ist dem bitteren Urteil des Victor-Serge-Übersetzers Richard Greeman über das Ergebnis des Maoismus zuzustimmen:

> »Dreißig Jahre später sind die ›langen Märsche‹ meiner antiimperialistischen Generation am Ziel angekommen; die im Untergrund Lebenden sind wieder aufgetaucht und dürfen mitansehen, wie die Führer des ›befreiten‹, ›kommunistischen‹, ›antiimperialistischen‹ Vietnam, China und Osteuropas schamlos ausländische Kapitalisten in ihr Land einladen, um ihre Arbeiter unter Schwitzbudenbedingungen auszubeuten, die der ›revolutionäre‹ Ein-Parteien-Staat möglich macht. Diese neue Allianz gegen die Arbeiter wurde durch den absolut ernst gemeinten Kommentar des Leitartiklers der *New York Times* zur Annexion Hong Kongs 1997 auf den Punkt gebracht: ›Lang lebe das Vermächtnis Maos und Merrill Lynch!‹«

---

27 Vgl. u. a.: Mao Tse-tung, Worte des Vorsitzenden Mao Tsetung, Verlag für fremdsprachige Literatur, Peking 1968; Mao Tse-tung: Ausgewählte Werke. Verlag für fremdsprachige Literatur, Peking 1968/69; Cajo Brendel, Thesen zur chinesischen Revolution, Hamburg 1977

Merrill Lynch ist einer der größten Händler an der Wall Street, Mao einer der größten Massenmörder des 20. Jahrhunderts.

Der Neoanarchismus

Der Anarchismus, wie er sich um 68 erneuter Popularität erfreute, war ein vollkommen neues Phänomen. Tatsächlich machte bereits Rudi Dutschke auf frühen SDS-Sitzungen auf die historische Leistung der anarchistischen Staatskritik aufmerksam. Je stärker die antiautoritäre Bewegung in Notstandsgesetzen den »autoritären Staat« entdeckte, desto attraktiver wurde eine an libertären Stimmen geschulte Staatskritik. Und in kritischer Wendung gegen Werner Hoffmanns 1962 erschienenes Buch *Ideengeschichte der sozialen Bewegungen des 19. und 20. Jahrhunderts*, in dem der Autor festgehalten wissen will, dass utopischer Kommunismus, religiöser Sozialismus, Syndikalismus und Anarchismus »kaum noch einmal große geistesgeschichtliche Bedeutung« haben mag, fragte Dutschke in seiner Literaturschau von 1966:

> »Ist damit nicht alles gesagt? Wir glauben das nicht, denn in einer Zeit der sich verstärkenden und sich verselbständigenden zentralisierten Staatsbürokratie scheint uns die bei Bakunin im Mittelpunkt der Theorie und Praxis stehende Frage der Abschaffung des Staates, der unmittelbaren Beseitigung desselben, der erneuten Aufarbeitung durchaus wert.«

Eine einfache Wiederauflage des Anarchismus sollte ausbleiben. Zu sehr war die Revolte in Deutschland von der alten Kritischen Theorie geprägt. Kein anderes Buch zeigt so deutlich die kritisch-solidarische Ambivalenz, die die APO dem Anarchismus entgegenbrachte, wie die Rotbuch Nr. 7-Veröffentlichung von Wolfgang Dreßen mit dem Titel *Antiautoritäres Lager und Anarchismus*, die 1968 herauskam. Der Herausgeber schrieb darin:

»Solange die Antiautoritären jede verbindliche Strategie und Organisation als autoritär ablehnen, haben die Rebellen ihren autoritären Charakter noch nicht überwunden. Abstrakt wird jede Autorität abgelehnt, um sich der Autorität einiger Führer und in der Praxis den Reaktionen des autoritären Staates zu unterwerfen. Statt einer revolutionären Politik betreiben sie bloßen Protest. Der Anarchismus des antiautoritären Lagers half, die Gewalt des Systems durch Provokationen zu entlarven. Er zeigte den Hauptgegner, den autoritären Staat. Der Anarchismus durchbrach den integrierten Protest der etablierten Arbeiterorganisationen, aber er droht sich ebenso zu verselbständigen, in dem zum Ritual gewordenen leeren Widerspruch.«

Die Häufung des Begriffs »autoritär« ist kein Zufall und zeigt die strukturelle Affinität der Revolte zum Anarchismus, doch Dreßen ging es darum, die Revolte über diese erste Phase der Rebellion hinauszuführen, ihr eine positive Wendung und organisierende Stärke zu geben.

Besonders im *Kursbuch* vom August 1968 hatte sich die Redaktion um Hans Magnus Enzensberger für den Anarchismus ausgesprochen. Enzensberger selbst verwies auf Friedrich Engels' Invektiven gegen zeitgenössische Libertäre, die er unter Berufung auf die Autorität des Dampfes zur Räson bringen wollte. Engels, so Enzensberger, habe aus einer philisterhaften und technokratischen Einstellung gegen die Antiautoritären polemisiert, ja sogar »von einer Position des Klassenfeindes her«. Fünf Ausgaben später im Dezember 1969 kam im *Kursbuch* die marxistische Dogmatik zum Zug. Mit recht oberflächlichen Kritiken am Anarchismus machten sie sich an die »Liquidierung der antiautoritären Phase« der Protestbewegung; dafür musste ein positiver Bezug auf den historischen Anarchismus mit seinem Selbstbefreiungsimpetus fallen. Neben dem Wiederabdruck einer Anarchismuskritik von Stalin aus dem Jahre 1906 finden sich auch die bekannten Reflexionen von Wolfgang Harich über die revolutionäre Ungeduld. Außerdem erinnert der britische

Historiker Eric Hobsbawm an den Zusammenhang von spontanen europäischen Revolutionen und ihrem raschen und vollständigen Scheitern, wobei er großmütig einräumt, dass diese »primitiv geartete Bewegung« immerhin zu einer »großen und machtvollen Protestbewegung gegen Krieg und Kapitalismus anschwoll, was kaum durch die disziplinierten kleinen Gruppen von Revolutionären, die der alten Tradition verhaftet sind – Kommunisten, Trotzkisten oder Maoisten« geschehen wäre, die »fortwährend ihre spezifischen Ideen und Perspektiven den Massen aufzudrängen versuchen und sich auf diese Weise öfter von ihnen isolieren, als daß sie sie mobilisieren«.

In Frankreich gab es um Daniel Cohn-Bendit ein deutlich traditions- und selbstbewussteres anarchistisches Milieu als in Deutschland. Dogmatisch-anarchistische Gruppierungen entstanden in Deutschland erst als Gegenbewegung zu den sich ab 1969 gründenden marxistisch-leninistischen Kaderparteien. Die 68er-Forschung spricht deswegen gerne von einem um 1968 auftauchenden »Neo-Anarchismus«, der ein hybrides Gebilde darstellt.

Denn dieser Neo-Anarchismus verzichtete weitgehend auf eine Frontstellung und Polemik gegenüber Marx und dem Marxismus. Hatte der historische Anarchismus Rudolf Rockers und Gustav Landauers Marx zum Gegner, so kombinierte der 68er-Neo-Anarchismus marxistische Gesellschaftskritik mit anarchistischer Kultur- und Staatskritik. Vielleicht erinnerte man sich auch, dass Michail Bakunin die ökonomische Grundlage des Marxismus gelten ließ und lediglich die politischen Strategien von Marx verwarf.

Als sich 1968 die moskauhörige DKP bildete, erschien es den antiautoritären Statthaltern der Revolte wichtig, sich nochmals ausführlich mit den klassischen Texten der Kritik des Russischen Revolutionsmodells auseinanderzusetzen. So erschien in Berlin 1968 der Reprint von Emma Goldmans *Die Ursachen des Niedergangs der Russischen Revolution* aus dem Jahre 1922 unter dem Titel *Der Bolschewismus: Verstaatlichung der Revolution.* 1971 wurde dann im Mai ein *Cronstadtkongreß* in Berlin abgehalten, zum Jahrestag der von Leo Trotzki niedergeschlagenen Revolte der Matrosen, die 1921 Rätemacht ohne eine Diktatur der bolschewistischen Partei gefordert hatten. Es traten unter anderem der Parlamentarismuskritiker Johannes Agnoli und der Rätekommunist Cajo Brendel auf. In einem Kongressbuch erklärte das Berliner Cronstadtkomitee, es gehe ihm um die Selbstorganisation der Arbeiter, Schüler und Studenten. Agnoli spitzte zu:

> »Das Problem der Niederschlagung autonomer revolutionärer Erhebungen des Proletariats aktualisiert sich für uns nicht in der kritischen Betrachtung von Krisenerscheinungen der Übergangsgesellschaften, sondern in der praktischen Auseinandersetzung und im offenen Konflikt mit der Politik der Niederhaltung und Neutralisierung der revolutionären Bewegung seitens traditioneller, der Form nach leninistischer Parteien.«

Das war eine Kampfansage.

Ganz anders gelagert war der Pro-Anarchismus des französischem Sozialisten Daniel Guérin. Er veröffentlichte 1967 beim Frankfurter Suhrkamp-Verlag die auch auf ein linksliberales Lesepublikum zielende Schrift *Anarchismus. Begriff und Praxis.* Nach einem historischen Durchgang durch anarchistische Kollektivierungs- und Vergesellschaftungsmodelle während des Spanischen Bürgerkrieges 1936 oder in der Ukraine in den Revolutionsjahren nach 1917 versuchte sich Guérin in einer aktualisierenden Conclusio. Im Abschlusskapitel wollte der Autor im jugoslawischen Selbstverwaltungssozialismus ein Wiederauftauchen des Anarchismus sehen:

> »Man entdeckte und las in Jugoslawien heimlich das Werk von Proudhon und profitierte von seinen Antizipationen. Man erforschte aufs Neue und unter neuen Gesichtspunkten die Theorien von Marx und Lenin, zum Beispiel die Lehre vom ›Absterben des Staates‹ ...«

Neben dem jugoslawischen Selbstverwaltungssozialismus unter Josip B. Tito, in dem Guérin eine Demokratisierung des Verwaltungssystems erblicken wollte, machte er auf möglicherweise sich entfaltende libertäre Tendenzen im entkolonisierten Algerien aufmerksam. Dass Che Guevara die Leitung der Industrie in Cuba aufgegeben hatte, bewertete Guérin rundum positiv, schließlich sei dieser ein »Etatist« und sein Abschied ermögliche ein Ende der Überzentralisierung und Bürokratisierung auf der Insel. Guérins gescheiterter Versuche, auf nationalstaatlicher Ebene eine Revitalisierung libertärer Gedanken auszumachen, zeigt nur, wie deutlich der Alt-Anarchismus in der Mitte des 20. Jahrhunderts verbraucht war und keineswegs einer schlichten Neuauflage harrte. Ein Grund ist unter anderem darin zu finden, dass der Anarchismus in seinen gesellschaftsphilosophischen Prämissen entweder im subjektiven Idealismus oder – wenn er sich wie bei Kropotkin wissenschaftlich präsentierte – im Positivismus des 19. Jahrhunderts wurzelte. Tatsächlich war ihm aber wohl das Subjekt abhandengekommen, das ihn noch 1936 in weiten Gegenden Spaniens in der Kollektivierungsbewegung verwirklichen wollte.

In den 60ern des 20. Jahrhunderts hatte der Neoanarchismus in Zeitschriftenprojekten wie *agit 883* oder *Linkeck* vor allem die belebende Rolle, den bienenfleißigen Seminarmarxismus oder die letzten Überreste eines marxistischen Objektivismus auf die Schippe zu nehmen und einen Geist der bedingungslosen Unbotmäßigkeit zu bewahren. Dabei spielten sie auch mit den von der bürgerlichen Öffentlichkeit transportierten Bildern und der Ideologie von den die Ordnung bedrohenden, gemeingefährlichen Anarchisten. *Linkeck,* die 1968 in Berlin als erste antiautoritäre deutschsprachige Zeitschrift erschien und von der dortigen gleichnamigen Kommune um Bernd und Karin Kramer herausgegeben wurde, legte so auch einem mit mörderischer Keule ausgestatteten Halbstarken, der in dieser Form als anti-studentische Karikatur von der *Berliner Morgenpost* kreiert wurde, den schönen Satz in den Mund: »Jedes Urteil wissenschaftlicher Kritik ist mir willkommen«.[28]

---

28 Vgl.: Wolfgang Dreßen (Hg.), Antiautoritäres Lager und Anarchismus, Berlin 1968; Daniel Guérin, Anarchismus. Begriff und Praxis. Frankfurt am Main 1967; Cajo Brendel, Johannes Agnoli, Ida Mett, Die revolutionären Aktionen der russischen Arbeiter und Bauern: die Kommune von Kronstadt, Berlin 1974; Robert Halbach (Hrsg.), Linkeck – Erste antiautoritäre Zeitung. Jedes Urteil wissenschaftlicher Kritik ist mir willkommen. Berlin 1987

Und sonst?
Zum Beispiel ...
Bunte Bilder

Es waren nicht nur die schwergewichtigen Bücher mit viel
Text, sondern auch die bunten Bildchen, die die Revolte
befeuerten. Der subversive Comic kam aus den USA. Der
damals 27-jährige Gilbert Shelton verbrachte den Sommer
1968 in San Francisco. Das Untergrundmagazin *Rip Off
Press* veröffentlichte seine gezeichneten Erlebnisse, die als
Die fabelhaften Freak Brothers bekannt wurden. Später trat
Fritz the Cat von Robert Crumb dazu, der sympathisch
sexbesessene, faule und stets zugedröhnte Kater. Der Erfinder von *Fritz the Cat* und *Mr. Natural* kommt 1943 als
Sohn eines äußerst autoritären ehemaligen Marinekorps-
Soldaten und einer psychisch labilen Mutter zur Welt. Der
ältere Bruder führt ihn in die Welt der Bildgeschichten
ein. Für ihn ein heilsamer Eskapismus. Mit 15 gibt Robert
sein erstes Fanzine mit selbstgestalteten Comics heraus, er
heiratet, wird Vater, zieht 1967 von Cleveland nach San
Francisco, dem Zentrum der Hippie- und Gegenkultur.
Sex and Drugs and ... Bluegrass-Musik zeichnen auch
seine Comics aus, in denen nicht nur extensiv gevögelt
und gedröhnt wird, sondern auch eine gewisse rural-ame-
rikanische Idylle präsent ist. Die politische und kulturelle
Rechte überhäuft Crumb mit Klagen wegen Pornografie,
Gewaltverherrlichung oder Verletzung religiöser Gefühle.
Crumb hat jedoch das Recht auf Kunstfreiheit auf seiner

Seite. Ab 1973, dem Jahr, in dem eine solche Entscheidung den Gemeinden selbst überlassen wurde, waren Crumbs Comics jedoch in diversen Städten verboten. Doch auch im eigenen Milieu ist Crumb nicht unumstritten: für die neue und militante Frauenbewegung ist er mit seinen gezeichneten Sexphantasien nichts anderes als ein »male chauvinist pig« – ein männliches Chauvinistenschwein. Tatsächlich sind die Crumb'schen Sympathieträgerfiguren allesamt sexbesessen. Crumb zeichnet auch sich selbst mit Vorliebe als dauergeilen Bebrillten, der vornehmlich athletisch gebauten Frauen hinterherstiert. Diese Comicgeschichten seien »Phantasieventile«, urteilte der Comicexperte Andreas Platthaus. Als das Enfant terrible 1971 Aline Goldsmith-Kominsky kennenlernte, erschien sie ihm als Frau wie die Ausgeburt seiner emotional-libidinösen Träume, die er dem Publikum 1969 beispielsweise in *the jewish cowgirl* in der Reihe *big ass comics* präsentierte. Crumb trennte sich von seiner bisherigen Frau und war fortan mit Aline zusammen. Doch die Geliebte und spätere Frau war nicht bloß ein wahr gewordener attraktiver Comictraum. In den frühen 70er Jahren zeichnete und arbeitete Kominsky im »Wimmen's Comix«-Kollektiv. Damit war sie Teil der militanten und künstlerisch wirkenden Frauenbewegung, von der sie sich wegen sektiererischen Dogmatisierungstendenzen allerdings entfernte. Ihre frühen Arbeiten thematisieren Masturbation, weibliches Begehren, Abtreibungen und Freigabe eines Kindes zur Adoption – die späteren auch Altwerden, Ärger mit den Kindern und den Gebrauch von Botox. Aus der Verbindung Crumb-Kominsky wurde nicht nur ein Liebes-, sondern ein äußerst kreatives Künstlerpaar. In ihren gemeinsamen Arbeiten, wie beispielsweise in der autobiografischen Comicserie *Aline & Bob* ab 1972, ist das Private öffentlich bis zum Exhibitionismus.

Westdeutschland war im Hinblick auf Comics eine verspätete Nation. Es gab Nick Knatterton mit seinem verschämten Sexismus, Micky Maus und Prinz Eisenherz, Zensur aller Orten, und man befand über Comics: minderwertige Schundheftchen. Erst 1967 erschienen die ersten *Tim und Struppi*-Bände auf Deutsch. Die erste deutsche Asterix-Übersetzung war 1965/66 im Kauka-Verlag erschienen, darin kämpften jedoch gut deutsch und antifranzösisch die Germanen Siggi und Babarras anstelle des dicken und des klugen Franzosen. René Goscinny und Albert Uderzo konnten sich solchen Spuk natürlich nicht gefallen lassen – sämtliche Mythen über die dritte Republik waren plötzlich zugunsten einer wehleidigen deutschen Besatzungsgeschichte verschwunden. Die Veröffentlichungsrechte für weitere Asterix-Comics wurden dem Verlag entzogen, die beiden Franzosen prüften folgende Übersetzungen anderer Verlage streng. In den 80er Jahren machten neu zusammengesetzte Raubdrucke wie *Asterix in Bombenstimmung* gegen die Pershing-2-Stationierung mobil und sprachen sich vehement gegen den Atomstaat aus. Das Hüttendorf gewinnt! Diese Aneignung des Comics zu Agitationszwecken wurde in den späten 60er Jahren unter anderem von einem Adorno-Schüler betrieben.

Alfred von Meysenbug war kein gelernter Graphiker oder Zeichner, sondern hatte unter anderem bei Theodor W. Adorno Philosophie studiert. In seinem Comic *Super-Mädchen* von 1968 werden die kleine Liebe und das große Geschäft der Verkäuferin Jolly Boom präsentiert: ein Mädchen, das vollkommen in die Warenwelt des Kaufens und Verkaufens verstrickt ist. Künstlerische Paten waren Roy Lichtenstein und Andy Warhol, die Idole der Pop-Art. Die Protagonistin soll der Schauspielerin Carla Egerer alias Carla Aulaulu, der zeitweiligen Ehefrau Rosa von Praunheims, ähneln, deren Film *Schwestern der Revolution* 1969 herauskam.

Während die Pop-Art die serielle Warenwelt bloß bebilderte, ästhetisierte und keinesfalls kritisierte, nahm Meysenbug wie die französischen Agitationsgrafiken der Situationisten den Sexappeal der Warenwelt auf, um diese frontal anzugreifen. »Alles ist käuflich«, »Liebe deinen Nächsten, er könnte der nächste Kunde sein!«, blubbert es aus den Sprechblasen. Doch die verallgemeinerte Durchsetzung der Warenform wurde bei Meysenbug mit Marx, Bakunin und natürlich Marcuse konfrontiert. Die Zitate der revolutionären Klassiker brachen wie Partisanen in die schöne Welt der Waren ein. Im zweiten Agitationscomic Meysenbugs, *Glamour Girl*, ging es um Carla Ehrlich, Prostituierte, Künstlerin, Feministin, die zu einem revolutionären Gemeinschaftsgefühl durch die Festnahme bei einer Protestaktion des Sozialistischen Deutschen Studentenbundes gelangt. Pop-Art trifft neulinke Entwicklungsstory. Begehren wurde dabei großgeschrieben: Mit so einer Frau will man gerne die Zelle teilen, das war die Botschaft an die Männer, so begehrenswert will auch ich sein, die an die Frauen.

Das Massenmedium Comic wurde als Agitationsmaterial begriffen, und in diesem Sinne wurden 1972 in Deutschland pro-maoistische Bildgeschichten aus China über *Das Mädchen aus der Volkskommune* publiziert. Später gesellten sich *Marx zur Einführung*-Comics dazu. Gleichzeitig wurde die Massenzeichenware mit ihren Superhelden auch sozialpsychologisch auf ihre gesellschaftliche und ideologische Funktion hin untersucht.

Wer den Blödsinn von der ›antiamerikanischen Revolte‹ kontern will, sollte auf die Popelemente von '68 verweisen. Und doch war 1968 mehr als eine schlichte Westernisierung Deutschlands. Denn es wurden Kampf- und populärkulturelle Traditionen übernommen, die in den USA stets von herrschender Seite als »un-American« etikettiert und verfolgt wurden. Nicht der disziplinierte Fließbandkörper, sondern der Rockmusik und halluzinogenen Drogen ausgesetzte Körper kam zur Geltung. Verschüttete und ausgetilgte Traditionen wurden bastardisiert. In der US-amerikanischen Subkultur wurde der getöteten Indianer gedacht, und man entwarf sich bald global als »Stadtindianer« gegen die westlich-kapitalistische Zivilisation neu. Einen Riecher für diese neue Bewegung hatte seinerzeit der Literaturprofessor Leslie Fiedler, der die Mischung aus Indianerkult, der Erotisierung aller Lebensbereiche und einer neuen literarischen Bildsprache als Bruch mit den bisherigen Konventionen wertete. Im Sommer 1968 hielt Fiedler an der Universität Freiburg seinen vieldiskutierten Vortrag »Cross the Border – Close the Gap«. Darin rief er die Postmoderne aus und erklärte die literarische Moderne für tot.

Der damals DKP-nahe Schriftsteller Martin Walser zeigte nur Unverständnis für die »neue Stimmung« unter den literarisch Protestierenden und hielt das Engagement des Schriftstellers dem Acid-Drogen-Rausch der neuen Literaten entgegen: Systemkonform und irrational sei, was die *März*-Leute wie Rolf Dieter Brinkmann und die US-amerikanische Szene treiben würden. Dagegen mache Günter Grass laut Walser alles richtig: Er würde schließlich auf Tour gehen, zwar für die SPD, aber immerhin mache er Wahlkampf. Das sei nicht irrational.[29]

29 Vgl.: Alfred von Meysenbug, Super-Mädchen. Das Ende der Verkäuferin Jolly Boom. Comic-Strip (Streit-Zeit-Bilder 1), Berlin 1968; Das Mädchen aus der Volkskommune. Chinesische Comics, Reinbek bei Hamburg 1972; Leslie Fiedler, Die Rückkehr des verschwundenen Amerikaners, Frankfurt am Main 1970; R. D. Brinkmann & R. R. Rygulla, Acid. Neue amerikanische Szene, Darmstadt 1969

Zum Beispiel ...
Den Film revolutionieren!

Statt Wahlkampf war an anderen Orten Kulturkampf angesagt. Zum Beispiel bei den 21. Internationalen Filmfest-
spiele von Cannes, die Mitte 1968 stattfanden. Am 18. Mai
erklärten sich die Jurymitglieder Louis Malle und Roman
Polański gemeinsam mit Claude Berri, Jean-Gabriel Al-
bicocco, Claude Lelouch und Jean-Luc Godard mit den
Studenten der Pariser Maiunruhen solidarisch und sprachen
sich für den Abbruch des Festivals aus. Am 19. Mai 1968
wurde das Festival schließlich tatsächlich abgebrochen, und
es wurden keine Preise für die im Wettbewerb angetretenen
Filme vergeben.Godard kommt in der Revolutionierung
der Filmästhetik und seiner Aussagekraft sicherlich eine
Schlüsselrolle zu. Wo andere die revolutionäre Gewalt diskutierten und erprobten, verwarf der linke Filmemacher
Jean Luc Godard sein bisheriges Schaffen als »bourgeois«.
Wie viele andere entdeckte er die Bedeutung des Films als
Waffe der politischen Propaganda. Tatsächlich wurde neben Wandplakaten, Zeitungen und Flugschriften auch der
Dokumentarfilm und der politische Agitationsfilm als neues
Mittel der Mobilisierung, Selbstverständigung, Reflexion
und als Gedächtnisträger entdeckt. Auch konnte der Dokumentarfilm im dialogischen Verfahren Erfahrungswelten von
streikenden Arbeitern und protestierenden Studenten miteinander vermitteln. Ästhetisch und produktionstechnisch
musste hierfür mit den vorgegebenen Traditionen des Films
gebrochen werden, wie Pariser Filmstudenten ebenso wie der
große Mann des französischen Kinos erkannten. 1968 war

eine Zäsur, fortan wollte Godard nur noch kollektiv produzierte Filme im Dienst des Klassenkampfs machen. Dafür gründete er mit Jean-Henri Roger und Jean-Pierre Gorin die Gruppe *Dziga Vertov*, die bis 1972 bestand. An Theorien von Bertolt Brecht und Guy Debord geschult, wie der erste Film von 1968 *Ein Film wie die anderen auch* zeigt, wollte man den Zuschauer herausfordern und ihn keine Sekunde der Kontemplation oder dem Spektakel überlassen. Vorgesehen war der Tod der Autorenschaft, alle Filme in dieser Phase verzichten auf einen Vor- oder Abspann. Godard sah sich als Film-Arbeiter in einem kollektiven Schaffensprozess gegen die bürgerlich-imperialistische Wirklichkeit. Später werden diese Filme als »unsichtbare Filme« bezeichnet, und noch heute tut man sich mit dieser Periode des französisch-schweizerischen Filmemachers schwer, der 2010 den Ehren-Oscar für sein Lebenswerk erhielt. *Wladimir und Rosa* von 1971 beispielsweise ist ein zäher, gebrochener Agitationsfilm über die Klassenjustiz. Neben diesem Hauptthema, das sich am Prozess gegen die sogenannten Chicago Eight orientiert, erprobt er im enterotisierten Paargespräch die Theorien der dreifachen Unterdrückung qua »Rasse«, Geschlecht und Klasse, nicht ohne ironische Wendungen, wenn die weibliche Protagonistin mit ihrem Genossen die Sprache des Feminismus einüben will: »Sprich mir nach, jedoch wird deine Stimme nie die meine sein.« Der Streifen von 1971 reflektiert auch die Schwierigkeiten einer erstarrten linken Sprache, so wenn Gorin & Godard (Vladimir & Rosa) stotternd am Tennisnetz politisieren, während ihnen Tennisbälle um die Ohren fliegen und der Zuschauer von behende hüpfenden, kurzbehosten Tennisspielern abgelenkt wird.

Der bekannteste und filmisch eingängigste Film aus der Phase seiner radikal gesellschaftskritischen Filme ist der 1972 zusammen mit dem Althusser-Schüler Jean Pierre

Gorin gedrehte *Tout va bien*, in dem eine amerikanische Journalistin, Jane Fonda, und ein französischer Nouvelle-Vague-Filmemacher, Yves Montand, in einen Streik in einer Wurstfabrik geraten. Der Film verstand sich als Reaktion auf Martin Karmitz' *Coup pour coup*, der im selben Jahr die Geschichte eines Streiks in einer nordfranzösischen Textilfabrik erzählte. Die große Frage, die die militanten Filmemacher in dieser Zeit bewegte, war: Wie zeigt man den Arbeitsalltag, wie filmt man die Unterbrechung: den Streik? Der Film kann auch als Ergebnis einer direkten Untersuchung angesehen werden. Godard hatte Anfang der 1970er Jahr festgestellt, dass er nicht wisse, wie der Arbeiter arbeiten würde. Um dies zu erkunden, ging er – wie andere militante Aktivisten in allen Revolteländern dieser Zeit – als Journalist und Militanter in die Fabrik und berichtete darüber in linksradikalen Zeitschriften wie *J'accuse*. *Hier und anderswo* wurde von Godard und seiner Gefährtin Anne-Marie Miéville aus einem unfertigen Dziga-Vertov-Projekt von 1970 montiert, ist aber außerhalb des Gruppenkontextes erst im Jahre 1974 fertiggestellt worden. Der Film ist ein Nachruf auf ein unvollendetes Projekt aus der militanten Gruppenphase und gleichzeitig eine Selbstkritik. Ende der 60er Jahre waren Godard und seine Mitstreiter als radikalisierte Antizionisten aufgetreten, hatten wiederholt Israel und Nazideutschland parallelisiert und zuweilen die Semantik zum Antisemitischen überschritten. Die historischen Assoziationen und Überblendungen gestalteten sich Mitte der 70er uneindeutiger und weniger plakativ als im vorgesehenen Film, dessen ursprünglicher Titel *Bis zum Sieg* lautete. *Hier und anderswo* dekonstruiert hegemoniale Repräsentationsweisen der herrschenden Ordnung, sie sollen über irritierende Schnitte und Montagen ihrer vermeintlichen Selbstverständlichkeit beraubt werden. Doch nun werden auch die linken Bilderwelten einer Kritik unterzogen. Godard und Miéville zeigen in der Gegenüberstellung einer französischen Arbeitslosenfamilie und den Kämpfern der PLO unter anderem die Projektionen eines heroischen Kampfes ins »Anderswo«, die die militante Linke in der Hochphase ihres Antiimperialismus vorgenommen hatte. Und nebenbei seziert der Film die manipulative Selbstdarstellung der nationalen Befreiungsbewegung. Er legt in der Selbstreflexion des Mediums Film offen, wie Propaganda funktioniert. An einer Stelle werden die Regieanweisungen an eine vorgeblich schwangere Palästinenserin gezeigt, die verkündet, ihr Kind für den Befreiungskampf zu opfern, tatsächlich, so kommentiert die Stimme aus dem Off, handele es sich um eine libanesische Intellektuelle, die lediglich ihre Rolle spielt. »Von Geheimnissen dieser Art bis zum Faschismus ist es nur ein kurzer Schritt«, so der kritische Kommentar. Dennoch hält der Film an einer Parteilichkeit und einer klaren Verurteilung imperialistischer Politik fest. Alle im Film präsentierten Kämpfer der PLO sind zum Zeitpunkt der Fertigstellung des Filmes tot. »Wie kann über diese Tragödie gesprochen werden?«, fragt der Kommentator.

Was Godard dem Zuschauer präsentiert, ist nicht leicht zu verdauen, sollte es auch nie sein. Ohne den Kontext von antikapitalistischer Revolte, antiimperialistischem Internationalismus und der Suche nach einer neuen Sprache der Medien drohen die Filme großem Unverständnis oder entpolitisiertem Ästhetizismus zum Opfer zu fallen. Diese Impulse wurden auch in der deutschen Protestbewegung aufgenommen. Nicht umsonst waren viele spätere radikale Protagonisten der Fundamentalopposition wie der 1941 geborene Holger Meins von der RAF Filmproduzenten. Wie dieser studierte auch Philipp Werner Sauber an der *Deutschen Film- und Fernsehakademie Berlin* (DFFB). Sauber versuchte sich am Aufbau einer Fabrikguerilla und wurde bei einem Schusswechsel mit der Polizei erschossen.

Der 1944 in Nový Jicin geborene Filmemacher Harun Farocki, der auch den »Erlebnisbericht« *Wie alles anfing* des Bewegung-2.-Juni-Mitglieds Bommi Baumann schrieb, präsentierte Filme voller radikaler Aufklärung, Kapitalismuskritik, Entfremdungskritik. Seine ersten Filme könnten als Aktions- und Propagandafilme der außerparlamentarischen Bewegung verstanden werden: Der drei Minuten lange, von Godard beeinflusste Film *Worte des Vorsitzenden* von 1967 sollte die damalige Parole »Die Worte werden zu einer Waffe« parodieren. Er zeigt, wie aus einer praxisversessenen Mao-Lektüre nur papierene, unzulängliche Waffen werden können: herausgerissene Seiten, die zu Flugobjekten gefaltet bestenfalls in der Dinnersuppe der Herrschenden landen werden. Spätestens zwei, drei Jahre später, als die RAF ihre Erklärungen mit Mao-Zitaten schloss, wusste niemand mehr über diesen Film zu lachen. Bücher wurden offensichtlich doch zu Waffen, die Praxis blieb nicht mehr textuell. Farocki erklärte in einem Interview: »Retrospektiv weiß ich, dass ich nie in den Untergrund gegangen wäre, weil ich mich viel zu sehr darauf festgelegt hatte, Filme zu machen oder intellektuell-künstlerisch tätig zu sein.«

Ein anderer Kurzfilm *Nicht löschbares Feuer* von 1969 klagt die mörderischen Napalm-Einsätze der USA in Vietnam an. Und bereits hier deutet sich ein Thema an, das sich durch etliche spätere Filme Farockis zieht: der Krieg ist ein Produktionsverhältnis, Produktionsverhältnisse kondensieren sich im Krieg.

Vier Namen müssen genannt werden, will man auf der Textebene dieser Film-als-Kampf-Wende nachspüren, drei von Männern: Sergej Eisenstein, Siegfried Kracauer und Dieter Prokop. Von Ersterem lagen ausgewählte Aufsätze, in denen er seine eigene und fremde Filmpraxis und ihren Nutzen für eine Revolutionierung der Verhältnisse reflektierte, ab 1960 im Ostberliner Henschelverlag vor, von Zweitem, der als einer der wichtigsten kritischen Theoretiker wiederentdeckt wurde, stammten die Sätze »Filme spiegeln unsere Realität. Schauen wir also in diesen Spiegel«, und Letzterer untersuchte als Soziologe die Filmindustrie als monopolistische Industrie und analysierte die Ästhetik der Kulturindustrie in Hinblick auf ihre herrschaftsaffirmativen und -sprengenden Elemente. Prokop hatte in seinen *Materialien zur Theorie des Films* von 1971 auf die Dissertation *Soziologie des Films* von der späteren liberalen Politikerin Emilie Altenloh aus dem Jahre 1914 aufmerksam gemacht, um seine These zu beweisen, dass das Publikum des frühen Kinos aus mehr oder weniger antikapitalistischen Arbeitern bestand. Tatsächlich rückte Altenlohs Dissertation etwas anderes in den Mittelpunkt: den Geschmack des weiblichen Publikums in der Zeit vor dem Ersten Weltkrieg – womit ihre Dissertation zu einem Geheimtipp der ab den 70er-Jahren entstehenden Frauenbewegung wurde, die schließlich die Dissertation auch raubdruckte.[30]

---

30 Vgl. als eine der unzähligen Veröffentlichungen zum Verhältnis revolutionäre Bewegung und Film: Günter Peter Straschek, Handbuch wider das Kino, Frankfurt am Main 1975; Dieter Prokop, Soziologie des Films, Neuwied 1970

Gespräche zu Lektüre und Revolte

»Belesen zu sein, war cool«

Interview mit Ulrike Heider, Aktivistin der frühen Frankfurter Hausbesetzerbewegung und Autorin der Bücher *Vögeln ist schön* (2015) und *Keine Ruhe nach dem Sturm* (2001)

Welche Rolle spielte das Lesen für die Revolte in der Bundesrepublik der späten 60er?
Als ich 1968 in Frankfurt Germanistik zu studieren begann, gab es sogenannte Vorlesungs-Go-Ins. Imponierend belesene Studenten und Studentinnen von der »Basisgruppe Germanistik« nahmen den Professoren das Mikrophon ab und übten hochqualifizierte Kritik an dem, was die alten Männer uns als Wissenschaft verkauften. Das faszinierte mich und trieb mich der radikalen Linken in die Arme.

Generell erinnere ich mich an eine lebhafte Informations- und Lesekultur. Der Vorwurf an Eltern und Lehrer, einseitig über deutsche Geschichte, Ökonomie und Weltpolitik informiert zu haben, brachte das Bedürfnis nach besserer Information aus anderen Quellen als denen des damaligen Mainstreams mit sich. Gut informiert und belesen zu sein, war cool. Auch Leute, die vom Naturell her keine Bücherwürmer waren, lasen, versuchten es oder taten zumindest so. Intellektuelle, ob Männer oder Frauen, und sogar ausgesprochene Stubenhocker hatten einen hohen Status. Ich erinnere mich an ältere, links orientierte Studenten ohne Examen, die man bewunderte, weil sie so viel Zeit in ihre Bildung investiert hatten. Heute würden sie als Versager gelten. Noten, Examen oder Doktortitel zählten damals viel weniger als das, was einer an Belesenheit und Denkvermögen in Diskussionen einbrachte.

Auch die Nicht-Studenten der linken Szene lasen Bücher und Zeitschriften. Einige davon konnten es intellektuell bald mit den Studenten aufnehmen. In- und außerhalb der Uni gab es unzählige Arbeitsgruppen, in denen gemeinsame Lektüre diskutiert oder zu kollektiv geschriebenen Papers verarbeitet wurde.

In allen Unifakultäten und auch im Kulturbetrieb meldeten linke Kritiker den Anspruch interdisziplinärer Forschung und fachübergreifender Wissensvermittlung an. Fachidiot war in dieser Zeit ein beliebtes Schimpfwort für Spezialisten.

Studenten standen weit weniger unter Druck als heute. Ein Leben ohne Examen wäre nicht blamabel gewesen. Es gab weder zeitliche Beschränkungen der Studiendauer noch strikt festgelegte Curricula. Die mittelalterlichen Hierarchien des Betriebs, gegen die wir ebenso wie gegen die geplanten technokratischen Reformen ankämpften, boten gewisse Freiräume. Dieser Muff von tausend Jahren war leichter hinwegzufegen als die strikten Auflagen des verschulten Universitätsmodells von heute.

Gibt es Bücher, die prägend waren, praxisanleitend?
Eine Freundin gab mir damals eine Leseliste der »Basisgruppe Germanistik« aus dem Jahr 1968 mit über 60 Titeln. Unter »Linguistik und Soziologie der Sprache« finden sich da Walter Benjamin, Georg Lukács, der undogmatische

Marxist Hans Mayer, der Kunst- und Sozialgeschichtler Arnold Hauser, Leo Löwenthal und Jürgen Habermas. Aber auch der Neohumanist Wilhelm von Humboldt und Victor Klemperer. Unter »Erkenntnisbedingungen heute« stehen Herbert Marcuse, Max Horkheimer, Theodor W. Adorno, Alfred Schmidt, Johannes Agnoli, Sigmund Freud und Franz Mehring. Da sind aber auch Wolfgang Abendroth, nahe bei der DKP, und die Trotzkisten Ernest Mandel, Paul Baran und Paul Sweezy zu finden. Diese Leseempfehlungen sind typisch für Frankfurt, das Theoriezentrum der Studentenrevolte. In Städten wie Freiburg, Marburg oder Tübingen, die mehr von traditionellen Marxisten oder später den K-Gruppen geprägt waren, mag eine solche Liste etwas anders ausgesehen haben. In Frankfurt gab es zu dieser Zeit nur eine relativ kleine Dogmatikerfraktion. Das waren die »Lederjacken« im SDS, eine Gruppe machohafter Männer, die die Mao-Bibel schwenkten. Sie waren antiintellektuell und aktionistisch eingestellt, lasen vor allem Mao, Lenin und Stalin. Marx lasen nur die Undogmatischen, damals vor allem die *Pariser Manuskripte* und die *Grundrisse*.

Lenins Schriften und bestimmte Mao-Texte dürften die Dogmatiker zur Gründung ihrer hierarchischen Miniparteien mit strikter Disziplin angeregt haben. Ansonsten bin ich nicht sicher, ob es sinnvoll ist, nach dem praxisanleitenden Buch zu fragen. Sozialrevolutionäre Praxis hat immer verschiedene Quellen.

Interessant ist, dass in Frankfurt viele Aktivisten Adorno-Schüler waren. Dieser praxisferne und tief pessimistische Intellektuelle mit seiner radikalen Kritik alles Bestehenden hat auf indirektem Wege politische Praxis angestiftet. Marcuse, der populärer war und im Gegensatz zu Adorno mit der Studentenbewegung auch dann noch sympathisierte, als ihre Aktionen militanter wurden, mag den Optimismus vermittelt haben, den jede soziale Bewegung braucht. Wichtig war aber auch, was anderswo zu anderen Zeiten praktiziert worden war, Teach-Ins, Sit-Ins, Go-Ins der amerikanischen Bürgerrechtsbewegung, Streiks, Demonstrationen und Besetzungen in der Arbeiterbewegung seit dem 19. Jahrhundert. Entsprechende historische Informationen wurden vermittelt.

Direkt umgesetzt, allerdings nur in Bezug auf das persönliche Leben, wurde von vielen, was man den Schriften des Wilhelm Reich entnahm: die Vorstellung von Sexualität als einer alles prägenden Kraft, die Ablehnung der Kleinfamilie, die Zweierbeziehung ohne Treueversprechen, die Experimente mit Promiskuität.

Aber in welchem Verhältnis stand das Lesen zur Praxis?
Bis in die frühen 70er Jahre gab es viele, die sich Theorie aneigneten, aber auch organisierten und Aktionen vorbereiteten. Man glaubte, beides miteinander verbinden zu können und zu müssen. Im Unterschied zu späteren Zeiten war es aber auch okay, kein Praktiker zu sein. Erst in den K-Gruppen und bei den Spontis setzte sich größere Aktionsorientiertheit durch, oft mit Antiintellektualismus und Verklärung des scheinbar ausschließlich praxisbegabten Proletariats verbunden. Theoretiker wurden in den Hintergrund gedrängt. Mittels »Schulungen« versuchte man, dem Durchschnittsgenossen ein Minimum an Theorie beizubiegen, das für die Praxis auszureichen hatte.

»Legal, illegal, scheißegal« war ein Motto, das erst nach den späten 60ern aufkam, als Haltung aber praktiziert wurde: Es gab viele Raubdrucke, und auch der ehemalige Linke Joseph Fischer wurde vor einigen Jahren des Bücherklauens bezichtigt. Rainer Langhans und Fritz Teufel gaben 1968 ein Buch mit dem Titel *Klau mich* heraus. Man wollte nicht nur lesen,

sondern auch Bücher haben. Da nicht alles in Raubdrucken zu bekommen war, die meisten von uns wenig Geld hatten und alle nach den Prinzipien des Konsumverzichts lebten, gab's einen Konflikt. Die Lösung war einfach. Man klaute die Bücher auf der Buchmesse oder in Buchhandlungen. Ladendiebstahl in profitträchtigen Geschäften war angesagt. Viele, ich auch, klauten Essen in den Supermärkten. Eine Freundin hatte ein extra dafür hergestelltes Cape, in dessen Innentaschen sie jeden Tag das Essen für ihre ganze WG »einklaufte«. Auf der Buchmesse gab es Verlagsangestellte, die Diebe unterstützten. In mitgeführten Reisetaschen verschwanden ganze Gesamtausgaben. Also: Nicht nur Joseph Fischer hat Bücher gestohlen. Die Bücherregale vieler Genossen waren imponierend. »Wissen ist Macht«, fällt mir gerade ein, stand damals an vielen Zimmerwänden.

»In einer höchst radikalen Weise queer«

Interview mit Ilse Bindseil, Lehrerin, Autorin und Redakteurin bei *Ästhetik und Kommunikation*, ehemalige Mitherausgeberin der Reihe *Frauen* beim Freiburger ça ira-Verlag

Welche Bücher waren um 1968 wichtig für die sich entwickelnde Frauenbewegung?
Um diese Zeit war ich mir der Tatsache, dass es für mich keinen andern Weg gab, als mich zu emanzipieren, erheblich gewisser als der, dass ich eine Frau war. Die Ikonen der Emanzipation von Marx bis Marcuse hatten, ihrer idealen Seite nach, für mich kein Geschlecht, so wie ich, meiner idealen Seite nach, kein Geschlecht hatte.

Welchen Stellenwert hatte Simone de Beauvoir?

Ihre Bedeutung ist sprichwörtlich; für mich war sie eine Schreckensgestalt. Ihr Standardfoto, das mich an die energischen Hausfrauen-, die Putzteufelmütter meiner Freundinnen erinnerte, machte mir regelrecht Angst. Wenn das weibliche Emanzipation sein sollte und wenn galt, dass Emanzipation unausweichlich war, was blieb dann für mich? Beim *Anderen Geschlecht* bin ich regelmäßig in der dritten Zeile gescheitert. Die Romane las ich und fand sie gleichermaßen schwül und seelenlos. Ich will nicht zögern zuzugeben, dass mir um diese Zeit auch eine andere Ikone der Frauenbewegung, die ich heute sehr verehre und mit der ich mich identifiziere, Virginia Woolf, seelenlos erschien; ich bin der Konversion in »Mrs. Dalloway revisited« (Ästhetik & Kommunikation 140/141, 2008) nachgegangen. Natürlich kann ich nicht beschwören, dass es mir mit Simone de Beauvoir heute nicht genauso ginge, wenn ich ihr (oder mir) eine Chance gäbe, nur, ich tue es nicht.

Und welche Romane sehen Sie als prägend an?

Die Frauen, die ich als Gegenbild zitieren kann und die mir die Wahrnehmung meines eigenen Geschlechts ermöglichen, mir überhaupt zu einer Haltung, einer Grundsolidarität, auch Neugier mir selbst gegenüber, als Frau, verholfen haben, sind sämtlich sagen wir zehn Jahre später, was das Erscheinungsjahr meiner eigenen Ausgaben von ihnen angeht, und sie sind zwar nicht rein literarisch, aber jedenfalls nicht theoretisch orientiert: Unica Zürn, Brigitte Reimann, Maxie Wander, Marlen Haushofer, auch ein kleiner Roman von Joan Barfoot gehört dazu. Ich habe mich auch mit fast allen von ihnen schriftlich auseinandergesetzt oder, korrekter ausgedrückt, eigentlich an ihnen die Kunst der nichtanalytischen, vielmehr empathischen Darstellung ausprobiert und geübt.

*Wie schätzen Sie die Versuche ein, Marxismus und Feminismus
theoretisch zu verbinden?*

Wenn der Marxismus im Feminismus nicht einen Unter-
punkt, sagen wir ein Besonderes im Verhältnis zu sich als All-
gemeinem, sondern eine Sache gewahrt, die ihn in doppelter
Weise infrage stellt – als Theorie, neben der andere Theorien
bestehen können, und als theoretisches System, neben dem
Nichttheoretisches bestehen kann –, wenn er also im Blick
auf den Feminismus an sich und auf die vom Feminismus
verwaltete Realität eine Ahnung von sich und der von ihm
repräsentierten Wirklichkeit, also kurz einen aufhebenden
Blick auf sich selbst bekommt: was für eine Perspektive,
wow! Und wenn umgekehrt der Feminismus im Marxismus
einen Maßstab für die unhintergehbare Gesellschaftlichkeit
der Welt und die unvermeidliche Abstraktheit jeglicher ad-
äquaten Darstellung gewahrt – einen Maßstab, wohlgemerkt,
kein Vorbild –, dann kann ich auch nur sagen: Wow!

*Welche Literatur tritt heute am ehesten in die Fußstapfen einer
emanzipatorischen sogenannten Frauenliteratur und -theorie?*

Für mich würde ich sagen: alles was das soeben Gesagte an-
peilt, also die eigene Beschränktheit attackiert, die Schranken
des Gegenstands aufhebt. Im Feminismus sind das die gar
nicht mal nur Reste der Überzeugung, die Natur habe ihre
Geschöpfe per Unterscheidung geschaffen, kurz, es gäbe die
Frau, und theoretisch sind das sicher die Überlegungen, die
sich mit Judith Butler verbinden. Meine Literaturkenntnisse
sind hier sehr beschränkt, einerseits bedaure ich das, andererseits weiß ich, es nützt nichts, wenn Judith Butler Schranken
einreißt, man muss es selbst tun. Wenn man nicht selbst in
einer erkenntnistheoretisch höchst radikalen Weise queer ist,
dann nützt es einem gar nichts, wenn andere es sind. Auch
Vorbilder sind sie nur, wenn man sie als solche nutzt. Mir

liegt es auch näher, hier von Analogie als von Vorbild zu sprechen. Wenn ich nach Jahren schnöder Lektüreabstinenz und eigener Textproduktion eine wirklich zeitgenössische Theorie aufschlage und sehe, sie hat vor allem einen Begriff von ihrem eigenen Status als Theorie und hält sich nicht, sagen wir, für das Sprachrohr der Natur oder irgendwelcher »Gesetze«, dann klappe ich das Buch mit einem Gefühl tiefer Befriedigung wieder zu und denke: fein.

Nachbemerkung
Immer wieder Achtundsechzig –
Das Bedürfnis zu bannen und zu
entsorgen

2013 machte im Feuilleton der *Süddeutschen Zeitung* Gustav
Seibt darauf aufmerksam, dass die Geschichte der 68er und
des daran sich anschließenden »bewaffneten Kampfes«
mehr oder weniger nur von Generationenkollegen und von
ehemaligen Aktivisten der Nachfolgegruppierungen der
Neuen Linken geschrieben werde. Die »gesamte Historie
von Protest, Radikalismus und Terrorismus in den Sechziger-
und Siebzigerjahren in Deutschland« vollziehe »sich bis
heute als Gespräch unter Generationsgenossen«.[31]

Das war mal anders. So bemühten sich eher konservative
Sozialwissenschaftler unmittelbar zur Zeit der Revolte,
sich mit den Theorien und der Vorstellungswelt der 68er
auseinanderzusetzen, wobei sie sich ernsthaft dem Gesell-
schaftsbild, der Vorstellung von Geschichte, ihren soziolo-
gischen Bezügen widmeten, um – wie sie schreiben – »die
aufklärerische Funktion der Sozialwissenschaften auch gegenüber einer Bewegung durchzusetzen, die sich selbst
als Aufklärungsbewegung mit endzeitlichen Ambitionen

---

31 Gustav Seibt, Euer Kampf. Die Geschichte des linksradikalen Terrorismus wird nur von Veteranen und Zeitgenossen geschrieben,
Süddeutsche Zeitung vom 14. März 2013

versteht«[32]. Herausgeber Erwin K. Scheuch wollte einen »totalitären Charakter« in dieser »Ersatzrebellion« erkannt haben und artikulierte die Hoffnung, »vielleicht doch wieder zur Sache zur kommen: Zur Prüfung unserer Wirklichkeit und zur Reform«[33]. Und dies in einer Situation, in der eine beachtliche kleine radikale Minderheit seiner Zeitgenossen die Wirklichkeit als antagonistische und veränderungsbedürftige ansah – und auf mehr als Reform drängte, nämlich zur Revolution. Der zu dieser Zeit ebenfalls konservativ eingestellte Ernst Nolte wies im Jahr 1970 vollkommen korrekt auf die wichtigste Lektüre der 68er hin, in deren Zentrum revolutionärer Klassenkampf, Antistalinismus und der Dekolonialismus stand. Er sah allerdings im Denken und der Praxis der neuen Linken einen radikalen Utopismus walten, der bereits bei Marx und Engels im Sinne der proklamierten Wissenschaftlichkeit auf wenig Gegenliebe gestoßen war:

> »Es ist der Mythos vom Paradies, von der einen, vollkommenen, schuldlosen, die Zeit überwindenden Menschheit, der im Denken der Neuen Linken fortlebt. Wie könnte man leugnen, daß er einen rationalen Kern hat? Und wie sollte er nicht immer wieder eine Faszination ausüben, solange jedem Fortschritt die Enttäuschung auf dem Fuße folgt?«[34]

Utopismus und Revolutionssehnsucht attestierten die Konservativen den jungen Revolutionären und lagen damit auf einer Ebene mit den sich materialistisch gebenden, orthodox-kommunistischen Kritikern der Revolte. Aus dem Umkreis

---

32 Erwin K. Scheuch, Die Wiedertäufer der Wohlstandsgesellschaft. Eine kritische Untersuchung der »Neuen Linken« und ihrer Dogmen, Köln 1968

33 Ebenda. S. 12

34 Ernst Nolte, Die Marx-Kritik der Neuen Linken, in: Marxismus. Faschismus. Kalter Krieg. Vorträge und Aufsätze 1964-1976, Stuttgart 1977, s. S. 86-98, hier: S. 98

des DDR-Sozialismus wurde so auch eine ganze Schriften-reihe *Zur Kritik der bürgerlichen Ideologie* herausgegeben, womit natürlich vor allem das undogmatische Milieu der 60er gemeint war, als eine der »verschiedenen Erscheinungs-formen der bürgerlichen und revisionistischen Ideologie«, wie die Bewahrer des Marxismus-Leninismus prägnant zu formulieren wussten.[35] Die von diesen Vorstellungen infizier-ten Studentinnen und Studenten seien kleinbürgerlich und zur Prüfung der Wirklichkeit nicht in der Lage, betonte mit gleichem Impetus auch Hans G Helms:

> »Ein Revolutionär wie Dutschke sieht (...) nur den Schein, das Auto, in welchem der Arbeiter in die Fabrik fährt. Ob der Arbeiter ohne Auto in die Fabrik gelangen könnte, ob es nicht objektive Zwänge gibt, die dem Arbeiter keine Wahl lassen, als mittels mehrjähriger Verschuldung sich mit einem Auto zu belasten, interessiert die Linksradikalen wenig.«[36]

So nahe kamen sich die Verteidiger der vorherrschenden Ordnung in Ost und West nie mehr wieder wie in der ge-meinsamen Ablehnung von 1968; schließlich konnte auch Ernst Nolte den konservativen Zügen des Marxismus einiges abgewinnen: »Marx und Engels waren die Realisten des So-zialismus; es ist keine bloße Paradoxie, daß eine so realistische Erscheinung wie die Sowjetunion sich auf sie beruft.«[37]

Erschien die Utopie der 68er so manchem zeitgenös-sischen Konservativen als autofreie Täuferkommune, so ist in einer historischen Zwischenphase die Revolte als gradua-listisches Emanzipationsprojekt bar jeglicher Radikalität und

---

35 Manfred Buhr (Hg.), in: Richard Albrecht. Marxismus – bürger-liche Ideologie – Linksradikalismus. Zur Ideologie und Sozialge-schichte des westeuropäischen Linksradikalismus, Berlin 1975, S. 5

36 Vgl.: z.B. Hans G Helms, Fetisch Revolution, Neuwied und Berlin 1969, hier: S. 145

37 Nolte, Die Marx-Kritik, a. a. O., S. 98

überschießendem Utopismus besungen worden oder wurde abgeklärt in einer großen ermüdeten Geste aufs Kulturell-Spielerische reduziert, wie von Willi Winkler zum zwanzigjährigen Jubiläum in *DIE ZEIT*:

> »Wenn allerdings der Weltgeschichtsschreiber einmal das ausgehende 20. Jahrhundert kartiert und sortiert, wird er festhalten müssen, daß die allgemeine Verjugendlichung nicht an den Barrikaden erkämpft worden ist, sondern über die Musik der Beatles; daß die Popkultur letztlich doch wichtiger war als Mao und Nixon und die RAF; und daß nicht etwa Otto Schily & seine Grünen die legitimen Erben von 1968 sind, sondern – *quelle surprise!* – unser guter Thomas Gottschalk. Das war's dann gewesen.«[38]

Doch das sollte es nicht gewesen sein. Ein neuer Ton wurde spätestens wieder vor zehn Jahren angeschlagen, um die Revolte weder als Vorläuferbewegung einer 80er-Jahre Fernsehshow mit langhaarigem Sympathieträger zu kennzeichnen, noch um sie vor die roh-kommunistische Kulisse des apokalyptisch-chiliastischen Täuferreichs von Münster aus den 1530er-Jahren zu schieben. Die 30er-Jahre sollten es als Bezugspunkt schon sein, allerdings diejenigen aus dem 20. Jahrhundert. So trat im Jubiläumsjahr 2008 frech und publikationsgewieft der »Privatgelehrte«, NS-Historiker und selbsternannte »Tabubrecher« Götz Aly auf, der aber für die Bundesrepublik doch so bequem ist, dass er vom Bundespräsidenten 2007 das Bundesverdienstkreuz bekam. *Unser Kampf* lautet der vieldeutige Titel von Alys Werk zu 1968. Aly, vormaliges Mitgliedes der *Proletarischen Linken Parteiinitiative* und der *Roten Hilfe Westberlin*, machte es sich von vornherein recht leicht. Jugendbewegung bleibt Jugendbewegung, so seine schrille These zu 68, und nach mehreren Wendungen sind sich Hitler-Jugend und Kom-

---

38 Willi Winkler, Zwanzig Jahre nach 1968: War da was? in: Die ZEIT Nr. 16/1988, 15. April 1988

mune I plötzlich sehr »ähnlich«[39]. Die Redaktionen von der *Berliner Tageszeitung taz*, dem *Börsenblatt des deutschen Buchhandels* und der *Frankfurter Rundschau* überzeugte dies so sehr, dass sie Aly für diese These etliche Zeilen in ihren Organen freiräumten. Goebbels und Dutschke, Revolte und Faschismus, in der Nacht sind alle Katzen braun. Der Berliner Historiker assoziierte wild herum, als habe er einen LSD-Trip eingeworfen, um antiautoritäre wie faschistische Bewegung als »antibürgerlich« auf einen Nenner zu bringen.

Kein 68er-Jubiläum, kein Protestereignis ohne Wolfgang Kraushaar vom *Hamburger Institut für Sozialforschung*. In *Achtundsechzig. Eine Bilanz* aus dem Jahre 2008 versuchte sich der Revolt-Forscher an einer ausgewogenen Darstellung, die vor allem eines ist: schlecht geschrieben. Der letzte Satz des Buches lautet:

> »Wie in einem Zeitraffer hat (die 68er-Bewegung) einerseits die Türen zu einer subjektbestimmten Modernität weit geöffnet, andererseits jedoch auch Abgründe wie den Terrorismus sichtbar werden lassen, die seitdem wie ein Schatten auf ihrer Geschichte lasten«.[40]

Türen, Abgründe, Schatten, Geschichte … In der nebulösen Sprache drückt sich aber auch aus, dass Kraushaar schon vor Jahren nichts Bestimmtes mehr über die Revolte zu sagen vermochte. Eine Bilanz sollte zumindest dem Anspruch genügen, aufzuklären und zu resümieren. Kraushaar kann und will das nicht, er schreibt vom »Schillern« der Revolte, vom »Kaleidoskophaften«, alles ist »zerrissen« und »vieldeutig«. So war es nur eine Frage der Zeit, bis aus der »Vieldeutigkeit« eine Eindeutigkeit werden sollte – schließlich strebt jeder Theoretisierende zur Komplexitätsreduktion. Wenige Jahre nach seiner kaleidoskophaften Bilanz erscheint

---

39 Götz Aly, Unser Kampf, 1968 – ein irritierter Blick zurück, Berlin 2008

40 Wolfgang Kraushaar, Achtundsechzig. Eine Bilanz, Berlin 2008

ihm der bewaffnete Kampf, zu dem Kraushaar noch nie in internationaler Perspektive vergleichend geforscht hat, als im Antisemitismus wurzelnd.[41] Glaubt er das wirklich?

Dabei liegen im deutschen Sprachraum eine Vielzahl von überzeugenden Darstellungen der Revolte um 1968 vor.[42] Doch in der publikumswirksamen 68er-Aufbereitung herrscht ein ideologisiert nationaler Rahmen vor – auch bei Wolfgang Kraushaar, der den Publikationsmarkt und die feuilletonistischen Diskurse zu 68 und seinen Folgen heute mehr denn je dominieren kann. Den linken Aufbruch zu einem rechten umzudeuten stellt dabei kein Novum dar. So liegen einige Versuche direkt aus der Folgezeit der Revolte vor, die bereits in den Titeln die These transportieren, dass es sich bei dem Aufbruch der Revoltierenden um ein im Kern tief von Faschistischem geprägtes Projekt handelte.[43] Die

41 Wolfgang Kraushaar, »Wann endlich beginnt bei Euch der Kampf gegen die heilige Kuh Israel?« München 1970: über die antisemitischen Wurzeln des deutschen Terrorismus. Reinbek 2013

42 Eine kleine Auswahl: Norbert Frei, 1968. Jugendrevolte und globaler Protest, München 2008; Ingrid Gilcher-Holtey (Hg.), 1968. Vom Ereignis zum Mythos, Frankfurt am Main 2008; Ulrich Herbert, Wandlungsprozesse in Westdeutschland. Belastung, Integration, Liberalisierung 1945–1980, Göttingen 2003; Detlef Siegfried, Time is on my Side. Konsum und Politik in der westdeutschen Jugendkultur der 60er Jahre, Hamburg 2006; oder als letzte zu nennende Schrift, die den publizistischen und verlagsorganisatorischen Folgen der 68er-Lese-und-Schreibbewegung nachgeht: Uwe Sonnenberg, Von Marx zum Maulwurf. Linker Buchhandel in Westdeutschland in den 1970er Jahren, Göttingen 2016; und über 68 als Lesebewegung: Adelheid von Saldern, Markt für Marx. Literaturbetrieb und Lesebewegungen in der Bundesrepublik in den Sechziger- und Siebzigerjahren, in: Archiv für Sozialgeschichte, Jahrgang 44 (2004), S. 149-180

43 Jillian Becker, Hitlers Kinder? Der Baader-Meinhof-Terrorismus, Frankfurt am Main 1977; Hans Mathias Kepplinger, Rechte Leute von links. Gewaltkult und Innerlichkeit, Olten/Freiburg im Breisgau 1970

Journalistin Jillian Becker verfolgte dabei eine klare Agenda: es sollte all jenen, denen in anderen europäischen Ländern noch der Schrecken des Nationalsozialismus in den Knochen steckte »und (die) in schlechter Erinnerung an das Dritte Reich ein generelles Mißtrauen gegenüber Deutschland bewahrt hatten«[44], gezeigt werden, wer die wahren Faschisten sind. Beckers Versuch, die RAF selbst zu Nazis zu machen, konnte natürlich in der zugespitzten Situation des Deutschen Herbstes, als vor dem Gefängnis in Stammheim Stuttgarter Bürger dem Staat anrieten, die Gefangenen »auf der Flucht zu erschießen«, eine eminent wichtige ideologische Rolle spielen. Die Behandlung der radikalen Ideen der späten Sechziger als übler Giftmüll, den es gut gewappnet zu entsorgen gilt, wiederholt sich also nur.

Eine Geschichtsschreibung, die in der Revolte von 1968 vorrangig sehr deutsche oder reaktionäre Motive erblicken will, erstaunt, ist der Aufbruch von 68 doch Hassobjekt der sich neu formierenden alten wie neuen Rechten mit ihrer Behauptung, die Revolte sei erfolgreich in einer *links-rot-grün-versifften* Republik gemündet. Dabei muss vergessen gemacht werden, dass die Revolte als Fundamentalopposition zum Gegebenen schlicht scheiterte, sich nicht zur gewünschten Revolution steigerte. In allen wesentlichen Kernpunkten im Übrigen; die Verhältnisse blieben unaufgehoben – worauf nun die reaktionären und antiemanzipatorischen Proklamationen der Rechten antworten. Strebte der Antiimperialismus der 68er und deren Unterstützung nationaler Befreiungsbewegungen eine weltweite Gleichheit an, so will die Rechte souveränistisch Grenzen und Mauern gegen die migrierenden Armen der Welt aufrichten. Richtete die

---

44   Becker, a.a.O., S. 259

linke Fundamentalopposition ihre Kritik gegen die Bewusstseinsindustrie und die entpolitisierende und verdummende Wirkung der großen Medienkonzerne, so hetzt die Rechte in einer aufklärungsresistenten Parallelwelt des Internets und in eigenen Publikationen, ohne dabei die ungebrochene Dominanz der Medienkonsensmaschine auch nur ansatzweise materiell oder ideologiekritisch begreifen wie angreifen zu können. Ging es den neuen Marxisten und Anarchistinnen der 60er um die Schärfung des sozialen Antagonismus, um eine Rückkehr zum Klassenkampf als wichtigstem Kampffeld der Freiheit und Egalität, so suhlt sich die Rechte in Kulturkämpfen und Schein-Antagonismen und propagiert dabei bloß die reaktionärsten Freund-Feind-Bestimmungen wie *Abendland gegen Islam*.

Natürlich stieß die mitunter verstörende Wucht von 1968 das Tor in eine freiere Gesellschaft auf. Das erkennt man schon, wenn man die alten Bilder der verspielt-subversiven *Sit-ins*, Kommunezusammenkünfte und Demonstrationen betrachtet und sie mit den ressentimenthaften Wutausbrüchen der aktuellen rechten *APO* wie der ausländerfeindlichen Pegida-Bewegung vergleicht. Beide mögen sich auf der Straße artikulieren und sind gegen das Establishment gerichtet – die Inhalte, Ausdrucksformen und subjektiven Begehrlichkeiten könnten jedoch nicht unterschiedlicher sein. Mit dem theoretischen Fundus der 68er lässt sich sogar die aktuelle autoritäre Rebellion bis tief in ihre psychischen Triebkräfte erklären. Nicht zuletzt aus diesem Grund ist der erinnernde Rückgriff auf eine zur Subversion und radikalen Kritik des Bestehenden drängenden Theorie erhellend, wenn nicht sogar notwendig.

Dank für Hinweise, Kritik und Diskussion geht an: Rüdiger Deißler, Katharina Ebeling, Thomas Kram, Markus Mohr, Hartmut Rübner, Klaus Viehmann, Michael Wildenhain

Personenverzeichnis

Murray Bookchin

Die nächste Revolution

Libertärer Kommunalismus
und die Zukunft der Linken

224 Seiten | 16.00 €
ISBN 978-3-89771-594-3

Volksversammlungen, direkte Demokratie und Ökologie als Pfeiler künftiger Gesellschaften

Mit einem Vorwort der Bestsellerautorin Ursula K. Le Guin eingeleitet, versammelt Die nächste Revolution erstmals Bookchins Essays über Freiheit und direkte Demokratie, um eine gewichtige politische Vision zu entwickeln, die vom Protest zur praktischen Transformation des Kapitalismus führen kann.

»Geschichte, Technologie, gesellschaftliche Organisation, die Suche nach Freiheit und Gerechtigkeit und vieles andere mehr. Immer hat er Einsichten, Erkenntnisse, originelle und provokante Thesen sowie anregende Visionen beigetragen.«
Noam Chomsky

John Holloway

Wir sind die Krise des Kapitals
… und stolz darauf

Die San-Francisco-Vorträge

104 Seiten | 9.80 €
ISBN 978-3-89771-229-4

Nachdenken über die Möglichkeiten einer antikapitalistischen Revolution

In drei kürzlich gehaltenen Vorlesungen am ›California Institute of Integral Studies‹ in San Francisco befasst sich Holloway mit den heutigen Möglichkeiten einer antikapitalistischen Revolution – nach der historischen Niederlage der Idee, der Schlüssel zum radikalen Wandel sei die Eroberung der Staatsmacht – und stellen eine brillante und mitreißende Einführung in die zentralen Themen in Holloways Werk dar.

UNRAST Verlag • Postfach 8020 • 48043 Münster
www.unrast-verlag.de • E-Mail: info@unrast-verlag.de